公司的力量

赢才赢天下

涂满章 ◎ 著

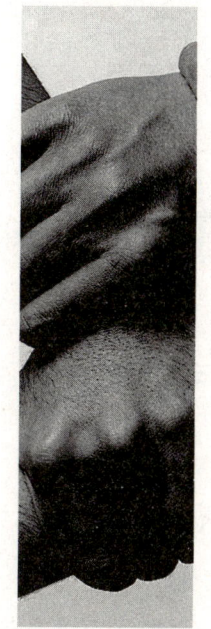

GONGSI DE
LILIANG
YINGCAI YING TIANXIA

人民日报 出版社

图书在版编目（CIP）数据

公司的力量：赢才赢天下 / 涂满章著. ——北京：
人民日报出版社，2014.3
ISBN 978-7-5115-2449-2

Ⅰ. ①公… Ⅱ. ①涂… Ⅲ. ①企业管理—人才管理
Ⅳ. ①F272.92

中国版本图书馆CIP数据核字（2014）第037024号

书　　名：	公司的力量：赢才赢天下
编　　者：	涂满章
出 版 人：	董　伟
责任编辑：	周海燕
封面设计：	艺和天下
出版发行：	人民日报出版社
社　　址：	北京金台西路2号
邮政编码：	100733
发行热线：	（010）65369527　65369512　65369509　65369510
邮购热线：	（010）65369530　65363527
编辑热线：	（010）65369518
网　　址：	www.peopledailypress.com
经　　销：	新华书店
印　　刷：	北京鑫瑞兴印刷有限公司
开　　本：	710mm×1000mm　1/16
字　　数：	210千字
印　　张：	13.5
印　　次：	2014年3月第1版　2014年3月第1次印刷
书　　号：	ISBN 978-7-5115-2449-2
定　　价：	38.00元

推 荐 语

很多人都懂得"赢才赢天下"的道理，也有不少单位将以人为本、人力资源是第一资源挂在嘴上，但实际工作中又不重视人才发展。涂满章老师不但用了大量案例、事实，阐述了"赢才赢天下"的道理，而且还提供了很多、很实用的方法。我希望想使企业得到很好发展的领导人士、HR人士认真学习涂老师的新书。

——立邦中国人事总监钱国新

经营企业归根结底就是经营人才，管理说到底就是解决人的问题。人才作为企业的管理核心，是企业的建设者同时也是破坏者，水能载舟，亦能覆舟。涂满章老师作为企业的经营者和人力资源管理方面的专家，在践行自身企业发展的同时也在不断的为其他企业作咨询服务，这种实践和积累决定了其思维的宏观性和视野的开阔性以及解决管理问题的务实性。《公司的力量——赢才赢天下》系统性地总结了满章老师的管理思想和对当下企业管理的深刻洞察，值得企业经营者与管理者借鉴和学习。

——明一国际营养品集团有限公司副总裁李国荣

《公司的力量——赢才赢天下》一书，是一本值得深入研读的管理书籍，每一篇文章以小品文的形式呈现，道出企业管理的真谛和解决问题的思路和方法，予人启迪和灵感，比如"四步骤，帮助企业落实年度目标"、"四步骤，规划职业生涯"、"六招提升员工敬业度"等……，每一步每一招都点中要害，读来让人茅塞顿开。

——厦门厦工机械股份有限公司人力资源绩效培训总监陈子毅

涂满章老师在人力资源领域耕耘多年，卓有成就。他特别善于从工作生活中感悟专业并汲取精华。常常读到涂老师的文字，深为其从平常小事中提炼哲理而叫好，《公司的力量——赢才赢天下》亦是如此，每一篇文章信手拈来，读来往往醍醐灌顶，深受启迪！

——太古可口可乐饮料人力资源总监童伯华

很多企业耐不住风险英雄逝去，潮起潮落，但有更多的优秀企业依然笑傲江湖，收获光荣和梦想，观其成长，其中本质在于企业的人力资源不断升级。"役其所长，则事无废功；避其所短，则世无弃材。"讲的就是企业要用人之长处，则凡事不会不成功；回避其短处，则世界上没有不可用之才。"百战归来需读书"，劝君，在企业发展壮大之时，加大人力资源投入，重视用人、选人、育人之法，学习一些诸如《公司的力量——赢才赢天下》类人力资源管理的优秀理念与方法，"思而悟，悟而行、行必高远"，也许，下一个卓越的企业就是我们。

——中国核工业二四建设有限公司王志东

推荐序

公司的力量是人心的力量

关玉良

我写此书的序，是出于满章对我的信任。我是一个搞艺术的人，本跟企业没有丝毫的关系，写此序真的会文不对题。

满章是一位秀才似的君子，它有着一颗出淤泥不染且博厚的心。他很人性的谈人才，其实他是在说人心。

我们如今的时代是一个大时代，大有大的优点，同时也存在着许多的弊端。如此大的时代，却是一个需要调整人心的时代，《公司的力量》写了这么多，实质是告诉我们如何调整"安静"的灵魂。

人才就是精英，精英就是明白人。和明白人做事，事业推动的就快，和不明之人做事，那等于没做。赢才赢天下就是要提升人的质量，一个人的质量提升不了，一个企业的效益又从何而来呢？当下是人才竞争的时代，竞争本身就是一种无心的掠夺，一个真正的精英时代是不需要竞争的，它应该是一个充满心性的社会，它呈现的是每一个人的自觉。

无论是从大爱、还是从"以人为本"等观点出发去引导，满章旨在告诉大家要通过"自觉"提升自己的心性继而变为英才。英才的团队是懂规则的团队，是有信念的团队，是按人道去活着的团队。这里面的人无论去做什么，都会是饱满激情的洋溢，他们会凝聚能量去推动企业或是其他行业的发展。在这里面，我想会有崇高的内心、崇高的道德、崇高的信念。

英才是通过修炼、锤炼的，他一定要有修为，首先作为个人我们应该明白没有社会、没有集体、没有企业这样的平台，我们的个人梦无法实现。同时，作为企业、作为团队的领导，我们也应该明白企业其实就是员工共享人生的平台，从某种意义上说，是每一个员工的梦想铸就了企业的梦。

一个企业的老板把员工做牛做马的用，这实乃是失心之举，看似老板取得了利益，实则损失的是人心的大益，这不是长远之为，更不是君子之为。假若该企业遇到什么问题无法前进时，人心都是散的，没有人会为了企业争得什么、付出什么。无论是对个人、对集体还是对社会，这都是无意义的行为。

　　企业要像满章所讲那样：尊重人性，尊重每一个人的尊严。人有所需，需要的不仅仅是金钱、物质，最重要的还是精神。

　　当下太多的人因利而存在，为利而努力，钱已经掩盖了他们的梦想，一个个变为了血淋淋的"追薪族"，没有了人生理想，没有了人生信仰。在这一过程中，他们渐渐失去了灵魂。我想，我们应该用感恩的心、包容的心、博爱的心来坚守住自己的灵魂，这样，自己的家，企业的家，社会、民族的家才会有合力奋而向上。

　　一个人怎么变为英才，我们一定要懂得：作为社会的人，无论你从事哪一个行业，一定是你中有我，我中有你，付出是一定有贡献的，贡献也一定会有回报的。选择哪行哪业就得敬那行那业，在敬业的过程中由不懂到懂，由不知到知，这是一个自我丰富、自我历练的过程，在这一历练的过程中，我们要寻找自我，确定自我的价值。

　　历练是要历你的德、练你的道，历你的专业，练你的为人。一个真正的人才不仅是专业技术够强，更为重要的是能用自己的德行和品质去感召、去引领身边的人，能够聚散光发亮光，凝聚一切能量让企业、让团队蒸蒸日上。

　　我想心的改变才是力量的凝聚点，如今的社会缺乏的是有品质的人，缺乏的是有道德的人，缺乏的是有修为的人。而有品质、有道德、有修为的人一定是"自觉"之人。

　　公司的力量其核心是人心的力量，在这样一个大家庭中，相互包容、相互分担，大家冲着一个方向前进才会看见光明。在企业的家庭里是我们第二次人性培育的乐园，我们每一个人，无论是领导还是员工，都应该相互监督、相互提携，一起前进。

　　离心离德有才之人是无用之才，有心有德无才之人是有用之才。

　　满章是在用儒家的气息感染我们每一个人朝着有心有德而努力修为。

2014年3月写于北京西郊

　　（关玉良，著名艺术家，深圳大学艺术学院教授。）

序　言

人才决定企业未来

戴淑庚

人才是企业发展的第一资本。公司未来最大的竞争就是以知识和人才为代表的人力资源的竞争。

"人对了，公司就对了"，这是在美国企业管理界广泛流行的一句话。我们换句话说就是，公司只有找对人，用好人，才能取得成功，才能基业长青。找对人最主要的就是找对领导层，找对员工。找对领导层决定了这个企业的经营和管理方向，找对员工决定了这个企业所能直接创造的价值。

从管理的角度来说，经营者和管理者为企业树立的价值理念至关重要。企业的价值理念决定了企业的凝聚力和发展力，管理的真谛不是为了取得多少利润，而是以人为本实现社会效益和经济效益的统一。企业家要赚取利润，但同时不能忘记在社会中的角色，要勇于承担对员工的责任，对客户的责任和对社会的责任。员工是企业的组成力量，对员工负责，就要让员工在企业中幸福工作，创造价值，为企业创造效益；客户是企业的服务对象，企业只有注重质量和诚信，才能长久地赢得客户的心；每一个企业都不是孤立的个体，会对社会产生积极或消极的影响，企业应当增强社会责任感，为社会和谐发展贡献力量。

所谓企业管理就是人力资源管理，因为人是企业的核心。人力资源管理要以人为本，以人为本就是要尊重人、培养人和发展人。尊重人的本质就是尊重人性，而人性化的本质，又在于从人的需求角度出发，给人应得的尊重和理解，营造关爱、真诚、公正的竞争机制和企业文化，让人感受到做人的平等与尊严；培养人就是要结合企业发展和个人发展，不断予以人培养教育的机会，使人能持续的成长进步；发展人就是要求企业内部能够搭平台、建舞台，让人才有施展的机会，不断往上走的空间。

从员工的角度来说，每个人都希望能在企业实现自己的职业理想。员工为企业工作，不仅仅是为了赚钱养家糊口，更重要的是实现人生价值，实现职业理想。我们经常在电视、网络上看到企业出现用工荒、跳槽流，大学生找不到工作去卖菜，大学生当保安等等的相关报道，一方面是企业找不到人可用，另一方面是好多人找不到工作，为什么会出现这样的局面？这就是企业没有找对员工，员工没有找对企业。企业和员工不应该是对立的关系，而应该共存共赢共发展。

爱是相互的，企业爱员工对员工负责，员工也要爱企业对企业负责。对员工的管理其实就是让他们能够在企业精神文化的带动下自觉地为企业创造价值，对企业负责。有理想有信仰，有追求有担当，有明确奋斗的方向，有刻苦敬业的精神，有温暖他人的心情，"像鸽子一样优雅地飞翔"，满章以生动的描绘道出了作为员工应当具备的素质。让每个人都享有人生出彩的机会是中国梦的内容，让每个员工都享有人生出彩的机会是企业梦的重要内容。

企业家要有信仰、理想、胸怀和大爱，才能从根本上俘获人心，留住人才。人才不是企业赚取利润的工具，人才是企业发展生生不息的源泉。人才，决定企业成败，决定企业的未来。

本书中每一篇生动形象的哲理短文都给人不一样的思考和感悟，睿智而实用！这是满章作为人力资源管理专家对管理的切身感受。

满章作为客家人的一份子，秉承了客家人勤劳、务实、稳健、内敛、执著的作风，稳打稳扎，待人真诚热情，做事专心专注，在业内已渐成气候。难能可贵的是：在商业之余，满章还能潜心思索，笔下成文，用文字记录思考，以思考形成思想，以思想影响更多的人群。这种传播，超越了商业范畴，从更高的层面缔造了价值。为满章的潜心思考，执著努力而高兴，也为本书的出版而欣慰。

是为序。

2014年3月2日

（戴淑庚，博士、博士后，厦门大学金融系国际金融教研室主任、教授、博士生导师，国家级·龙岩经济技术开发区管理委员会副主任。）

目录
CONTENTS

序言　人才决定企业未来 / 1

前言　十问涂满章 / 1

第一辑　管理的真谛不仅在于利润

幸福管理，从现在开始 / 13

微博时代的人力资源管理创新 / 17

不能忽视的管理原点 / 21

经营心灵 / 25

四步骤，帮助企业落实年度目标 / 28

真的是绩效主义毁了索尼 / 32

绩效管理是"一把手工程" / 37

绩效管理如何实现企业与员工双赢 / 41

"用工荒"背后，是企业博爱精神的缺失 / 45

"用工荒"背景下的人力资源精益管理 / 49

马云住房福利新政背后的隐忧 / 53

2011，中国老板比较烦 / 57

成本涨，效率不涨，企业衰亡 / 61

食品安全不是考出来的，而是管出来的 / 65

从国羽被取消参赛资格看企业制度执行 / 68

日本地震引发的管理思考 / 72

由食品安全谈企业制度监管 / 75

"达芬奇"造假再显过程管控的重要 / 79

甬温线事故与人力资源管理救赎 / 83

校车新标准"美国化"与目标管理 / 86

第二辑　公司的力量在于人才

变革时代，呼唤高适应性人才 / 93

人才危机 / 97

共赢 / 101

如何俘获人心 / 105

帮助员工成长 / 109

经营人而非管理人 / 113

管理者的知人善任 / 117

硕士当城管是人才浪费吗 / 120

没有乔布斯，"苹果"还会红 / 124

企业需要用好"三种人" / 128

李娜夺冠背后的"单飞政策" / 131

南大的"诚"和吴斌的"义" / 135

唤醒世道人心不能靠经济利益 / 139
中间层革命 / 143
被绑架的总经理 / 147

第三辑 员工是企业发展的未来

让员工共享人生出彩机会 / 153
六招提升员工敬业度 / 157
员工不仅仅期望高工资 / 161
员工为什么留下 / 164
员工流失不能让知识也流失 / 167
照顾好员工等于照顾好利润 / 171
加薪是找死？不加薪是早死！ / 175
年度调薪的科学与艺术 / 179
企业应警醒员工的"未富先懒" / 183
四步骤，规划职业生涯 / 187
三能合一，成就职涯发展 / 191
像鸽子一样优雅地飞翔 / 195

后　记 / 199

▶▶▶ 前　言

十问涂满章

第一问　中国企业人力资源管理最大的问题是什么？

作为人力资源管理专家，您所创立的仝博今年已经是8周年了。在过去8年的人力资源管理咨询与实践中，您所遇到的中国企业突出的人力资源问题是什么？

涂满章：

集中在三个方面：

第一，管理者缺乏人力资源管理的基本理念和技能。管理者，甚至包括总经理在内，都认为人力资源管理的专业，如招聘、培养、留人、考核等，是人力资源部的事情，这样的理解导致两个明显后果，一是企业不可能实现专业化的人力资源管理；二是导致部门管理不到位，最终影响企业能力提升。中国企业管理者当前最大的问题：谈技术、谈业务头头是道，但不能或不会和员工有效共事，导致带不好团队。为什么？背后缺失对人力资源管理的基本掌握。个人是英雄，带出的却是狗熊团队。

第二，人力资源管理的专业工作缺乏价值创造能力。相当一部分人力资源管理部的工作不专业，往往停留在事务层面，找不到工作本身和企业目标完成的关联点，导致很多人力资源部因为没有显效的价值驱动而被边缘化，让很多企业失去了对人力资源管理的信心，甚至在质疑人力资源管理的作用。

第三，人力资源管理的运作缺乏扎实的基础。有很多企业对平衡计分卡、KPI、EVA等人力资源新主张、新模式很感兴趣，也有意愿去尝试，但往往忽略了最基础的层面，如很多企业在岗位职责都没有清晰界定的情况下，就急于推动绩效考核、薪资改革，最终的结果必然是流于形式。此种情形，就形如在沙滩上盖房子。

第二问　人力资源管理理想状态是什么？我们的距离有多远？

您理想中的企业人力资源管理是一个什么样的状态？您觉得中国企业还应在哪些方面更进一步？

涂满章：

人力资源管理最理想的状态是能在企业建立无边界人力资源管理的运行环境。所谓无边界人力资源管理环境，是指人力资源管理的工作要走出人力资源管理部门，企业里人人都是人力资源的自我管理者，人人都承担人力资源管理责任。总经理是企业的人力资源总监，部门经理首先是人力资源经理，员工是人力资源的自主管理者。当我们的人力资源管理超越人力资源管理部的范畴，而演变成大家都必须为此承担责任的时候，企业的人力资源管理就成功了。人力资源管理强，企业管理一定强，企业管理强，中国企业一定强。

若和西方比较成熟的企业比起来，我们的距离还是体现在观念上：没有从灵魂深处意识到人力资源之于企业、社会发展的重要性。若还停留在对人力资源管理的技术化追求,但没有赋予人力资源管理更高的战略涵义,我们永远不会取得人力资源管理真正的进步。这样会让我们众多的企业,包括我们这个民族,在全球化的今天和未来,丧失很多机会,最终会丧失话语权。

第三问　以人为本,老酒新意?

过去三十几年,中国企业在大踏步发展的过程中,借鉴了诸多外企的管理经验,并因借助各种管理模型取得了一系列骄人的发展业绩,可是涂满章先生在您的很多著作中为何却要呼吁抛开时鲜的理论,回归到"以人为本"的企业管理原点,这是为何?

涂满章:

以人为本这坛酒,酒虽老,但却很有必要老调重弹,为什么?

第一,对社会发展也好,促进企业提升也罢,以人为本始终是核心,如果离开了人这个本源,无论任何时候,都会影响发展,必须时谈时新。

第二,以人为本尽管大家都在谈,但未必人人都抓住了以人为本的真谛,未必人人都在重视以人为本,一个非常典型的例子,近年来招工难频现,包括众多企业受困于"要的人招不进,招来的人用不好,用得好的人留不住"等,其实根源就在于很多企业长此不以人为本所致。

第三,如何做到以人为本?首先要转变观念,要像重视利润一样重视人!其次,要知道以人为本的内涵,什么是以人为本?我认为企业要像追求利润增长一样,追求人的成长进步!能让人力资源不断增值,要像重视利润增长一样重视人,才是真正的以人为本!

第四问　利润员工来照顾,员工谁来照顾?

不追求利润,就不是企业,因此我们常常为此而节约各种成本,包括人力成本,我们也千方百计拓展利润空间,我们也常为此而利用一切合法与必要的手段来照顾"市场",照顾"客户",就为了我们能获得更多的利润。但我们很少提及照顾我们的"员工",至少中国企业是如此,有"把企业当家"的传统与倡议,却很少有企业把员工当自己的孩子,您如何看中国企业的员工照顾这个问题?

涂满章:

照顾好员工,这是当前的有识企业越来越重视的一个根本。惟有照顾好了员工,员工才可能倾情投入,最终帮助企业实现利润。但如何照顾好员工呢?一个企业家讲的观点,我认为颇有道理,他说"照顾好员工,要照顾好人的三个方面,首先是他的脑子,其次是他的袋子,最后是他的孩子。"

照顾好员工的"脑子",就是要让员工能够形成一个好的价值观,让他能够成为好人,好人才能办大事。照顾好员工的"脑子",也要确保员工的知识技能不断更新,以保证员工能成为能人。由此,员工才有成功的"本钱"。

照顾好员工的"袋子",就是要确保经营好企业,让员工能享受到富有竞争力的物质回报,解决员工生活之忧。

照顾好员工的"孩子",是能确保员工能融入所在城市,享受到户籍、小孩教育、社保等的平等待遇,以解决员工的后顾之忧。这一点,仅靠企业之力解决不了,当地政府也要给力,重庆市长黄奇帆就曾言:"善待农民工,让城市更具吸引力。"

第五问　和企业应谈"爱"吗?

您在著作中很少谈到理论与管理模型,却跟我们谈了许多像是一个文人,或者某个慈善家谈的话题,比如胸怀、愿景、大爱……等等,但一个企业归根结底是要靠利润生存下来的,企业是有社会责任,但企业也不是办慈善,您觉得呢?

涂满章：

光让我们的企业家爱员工，但实现不了利润，这不现实，也不靠谱，甚至虚伪。如果企业没有了利润，企业就不可能存在，更谈不上发展，企业家们也会丧失经营企业的激情。所以这种爱，我认为既有利润之爱，也要有员工之爱，两者相辅相成，和谐共存，缺一不可。

利润之爱，是"果"，员工之爱，是"因"，想得到什么样的"果"，便要投入什么样的"因"。只有投入对员工"爱"这个因，我们的企业家们才能收获"利润"这个果。因而让企业及企业家爱员工，其本质还是在推动企业的发展。

企业爱员工，归根结底的，是要让我们的企业家要像爱利润一样爱员工，要像追求利润增长一样，追求员工素质的成长进步！

第六问　用工荒真的是没人用了吗？

许多人，尤其企业管理层，包括老板，都认为在当下中国，看似人才到处都是，但却难觅一个真正得心应手的人才，您认为真正的症结在哪？有什么良方吗？用工荒真的是没有人可用了吗？

涂满章：

关于用工荒的问题，我要说的是，这是个伪命题。根据有关中国人口数量和结构的研究和预测，20世纪90年代至2020年左右，是中国经济社会发展的"人口视窗"时期，即劳动力资源供给充足，人口抚养负担较轻，可获得"人口红利"的黄金时期。按联合国预测，中国处于可劳动阶段的人口2010年为9.2亿，2015年将达到9.29亿的高水平。一批经济学家研究结论是，"人口红利至少还有15年优势"。纵观当前的社会用工环境，"就业难"是根本事实，但确实不至于存在"用工荒"。

事实有些企业还是碰上"用工荒"？我认为：这不是"用工荒"，而是"没人用"！

为什么你的企业在招聘员工时门可罗雀？而同样的企业，门庭若市？为什么你的企业招一批走一批？别的企业员工稳定固若金汤？那些存在"用工荒"的企业，是不是要好好检视和反思企业内部：我的人力资源管理还存在什么缺陷？还有哪些没做好？

第七问　企业能真正俘获人心的是什么？

跳槽是一个正常的人才流动现象，但几乎所有的人都认为报酬的高低是人才流动的第一动因，在一个经济至上的时代，高工资应该就可以收获一切你想要的人才，您却常说：千万不要认为，高工资就能俘获人心！就您多年的经验来看，真正能俘获人心的是什么呢？

涂满章：

职业安全、工作挑战、工作成就、良好的环境、和谐的人际关系、高工资……等等，所有这些因素都可能俘获人心，但把上述一个方面，具体运用到某个人身上时，你不一定就能俘获人心。比如，很多企业认为高工资能得人心，但我们又经常发现一个现象，那些频繁跳槽的人，往往就是享受企业最高工资的人。

一个很有趣的应酬现象：以前是"请人吃饭"，现在是"请人流汗"。"请人吃饭"他可能不高兴，但请他"流汗"，让他锻炼、健身，他可能很乐意。为什么？时代不同，需求也变了，抓住了"需求"就抓住了"人心"。所以,如何俘获人心，首先要明确员工到底需要什么？因而，定期的员工满意度调查不但必需，而且要让它制度化，常态化。针对调查的结果，企业有目的的"给予"，那么俘获人心就不是传说了。

第八问　总经理被绑架的背后是什么？

我们企业管理中一个非常重要的问题，那就是敏感的薪酬机制，很多总经理往往在这方面会自嘲说"被绑架"：企业并没有太多能力涨薪，但因为内外在环境的变化，都被迫涨薪；总经理并不想人人涨工资，但张三涨了，李四也要调，以至于弄到最后变为人人都得涨。能否跟我们具体说说这个有趣但寓意极为丰富的事情？

涂满章：

我们一直在倡导企业要爱员工，这种理念本身没有错，但我担心的是，很多企业由此会被误导走向极端，对员工之爱，发展为溺爱，如果没有原则的爱，既害员工，也害企业！

如企业经营效益好，企业有能力也有意愿为员工涨工资，这当然是爱的一种表现。但若涨工资变成毫无原则的涨，人人皆有份，这就不正常了。不问效益普涨，人人有份，不干活的也跟着水涨船高，那么，在企业就会滋生惰气、推诿等不良行为，而一旦员工不愿努力去投身工作的时候，他自身的经验积累也由此受到影响，无形降低了个人竞争力，结果也是害了员工。

更大的问题是，如果涨工资变成了一种习惯，让员工一旦认为理所当然的时候，即便效益不好，没有能力再涨工资，员工也未必体谅，反而认为该涨没涨，便衍生了很多抱怨，甚至导致跳槽，这种情形一旦发生，就形如总经理被绑架，你不涨也得涨了。

另外，低劳动力成本时代会随着时代的发展离我们渐行渐远，涨工资会成为一种必然趋势，这就需要我们的企业寻求一种突破：让个人效率的增长跟上工资上涨的速度。这背后也需要企业作出一种转变：由原来粗犷的人力资源管理向精细化人力资源管理转型。

第九问　如何发工资？

如何发工资比发多少工资更重要。这是您的一贯观点，也可以说许多人因此深受启发。那您能否简略谈谈，我们的老板们该如何发工资？

涂满章：

我经常所说的一个观点：看一个企业，是企业还是生意场，就看他一点，会不会发工资。如果连工资都发不清楚的企业，一定缺乏清晰的运营规则，如果连基本规则都没有的企业，还能叫企业吗？所以我会说：如何发工资比发多少工资更重要。那么，企业该如何发工资呢？

一是要解决如何发的问题，要建立相关的制度和规则。解决企业整体效益与员工绩效挂钩问题，解决企业基础管理与岗位工资定级问题。一套好的工资体系，必然有一套严密的岗位管理体系、科学的绩效管理体系和专业的人员发展体系在作支撑。

二是要解决发多少的问题，归根结底是要解决好相对公平的问题。与整体市场环境比，你企业的工资水平是否有竞争力？企业内部岗位与岗位之间比，压力大、职责多的岗位比压力小、职责少的岗位，工资是否多？员工能力提升了，也能承担更大的职责了，工资是否跟着同步涨？

无论如何，发工资应该把它上升到一种"发"文化，只有进入了"发得好""发得合适"的境界，才能"发得艺术，发出干劲，发出和谐，发出希望"。

第十问　如何塑造中国力量？

我们常会注意到，许多国外品牌，如耐克等，都是 made in China，而许多代工的企业同样拥有自己的中国品牌，但我们却看到一个很有意思的现象：同样的两件衣服，如果贴上外国标，可能售价数千元，而中国标却只能卖到几百元，甚至有人说，就是质地原料更好，中国标牌依然低廉。您认为这其中最大的原因是什么？中国企业如何走出这困境，真正塑造中国的力量？

涂满章：

中国力量首先要有经济底子，即国力。而国家的经济要强大，企业势必要强大。中国经济已超越日本，成为全球第二，但很令人不解的是，我们竟然还没有一批在国际上真正有影响力的跨国公司。所以，西方对我们经济规模世界第二，很不以为然，说我们的大是"肥大"，并非"强大"，不值得尊敬。

中国力量归根结底还必须有强大的企业作支撑。而强大企业的显性表现，毫无疑问，首先就是要具备有全球影响力的品牌。

品牌的塑造不是朝夕之功，更不是投机取巧。如央视焦点访谈曾曝光的一个著名服装品牌，中国人的企业，商标是在意大利注册的，结果把其所卖服装也包装成是意大利的。短期之内取得了成功，得以快速扩张，但央视一曝光就彻底完了。不诚信的行为，即便在当时能赚取很多的利润，也绝不可能持久。

你的品牌，可以很知名，但不一定就令人尊敬，而令人尊敬的品牌塑造首先要植入诚信的基因，没有对商业道德的敬畏和虔诚的遵守，不可能塑造真正有影响力的品牌。

中国悠久的历史文化与传统，本使我们在塑造品牌方面有得天独厚的优势，但我们企业塑造品牌之路为何如此艰辛？原因固然很多，但坦白而言，跟很多企业缺乏商业道德是紧密相关的。所以办企业、塑品牌，首先要具备大胸怀，想正事，走正道，最后方能成就大业、伟业！

具体而言，品牌它不是虚幻的东西，蕴藏在品牌背后的是一群人。这群人怎么样，便决定了品牌的质量和可持续发展怎么样。其实，塑造一个过硬的品牌,一定也在锤炼一支过硬的团队。只有人好了,品牌才会好。管理品牌,必然也必须要和人力资源管理挂起钩来。

有了一批在全球范围内都令人尊敬的品牌,中国的力量才能真正雄起。

(本文根据知名出版策划人周青丰采访作者涂满章的内容摘要整理。)

Gongsi De Liliang

第一辑

管理的真谛不仅在于利润

幸福管理，从现在开始

企业把员工的幸福、顾客的幸福、社会的幸福当成努力的方向，并以此为准则，衡量企业存在的价值，随之而来的造成股东物质与精神上的幸福，企业得以永续经营都是自然而然的事情。

近段时间，央视策划并热播的大型调查"你幸福吗？"，引起社会民众的广泛关注和热议。对这一活动，可谓众说纷纭，毁誉参半，但无论如何，这场活动，不经意间，又勾起了大家心灵当中最柔软的感触，那就是对幸福的思考、回忆或是憧憬。

当大部分人解决了温饱问题之后，对幸福的追求和理性的思辩，也变成了自然而然的事情。所以，国家把幸福感指数的提升写进十二五发展规划，也是水到渠成之举。那么，什么是幸福？它指的是每一个老百姓在物质文明、精神文明及社会生活和政治生活指数上都获得比较满意的心理感受。幸福感的满足其实是每一个人内心世界追求的极致。

企业也如此，日本经营学专家坂本光司提出：经营公司就是为了履行对"五个人的使命与责任"——使员工和员工家人幸福；使外包、下游厂商的员工幸福；使顾客幸福；使地方社会幸福、繁荣；自然造就股东的幸福。这个观点已成为当今业界普遍认可并奉行的企业永续经营的秘诀。企业把员工的幸福、顾客的幸福、社会的幸福当成努力的方向，并以此为准则，衡量企业存在的价值，随之而来的造就股东物质与精神上的幸福，企业得以永续经营都是自然而然的事情。

最近香港人力资源管理行业公署颁布了一项统计数据，在珠三角和长三角地区的2000余家港资企业，有近七成受访者提出员工离职的前三项原因是：企业薪酬福利不理想；缺少晋升和发展机会；企业的软工作环境与生活不协调，缺少归属感。事实上，通过综合分析就会发现，缺少这三项因素，其实就是缺乏幸福感。不仅仅是离职，密歇根大学罗斯商学院的一项研究表明：幸福感强的员工，其绩效比所有员工的整体绩效高出16%，职业倦怠率比同僚低125%，对组织的忠诚度高35%，对工作满意度高46%。

因而，让员工幸福，是当下有远见的企业必须倡导并要立即行动的一个重要方面，只有员工感到幸福，他才会喜欢企业，才能在企业长久地工作下去，并主动而积极地做出有利企业远景发展的事情，最终才会令企业有向前发展的动力。

增强员工的幸福感，首要的是应摆正人在企业的位置，真正做到以人为核心。坦白而言，很多企业是以利润为核心，关心的是目标的达成，这本身没有错，但是目标的达成和利润的实现，前提都和员工如何作为紧密相关。员工是因，利润是果，没有因，自然也就得不到果。所以，人一定是企业的核心，要以人为本，以人为本就是要尊重人、培养人和发展人。尊重人的本质就是尊重人性，而人性化的本质，又在于从人的需求角度出发，给人应得的尊重和理解，营造关爱、真诚、公正的竞争机制和企业文化，让人感受到做人的平等与尊严；培养人就是要结合企业发展和个人发展，不断予以人培养教育的机会，使人能持续的成长进步；发展人就是要求企业内部能够搭平台、建舞台，让人才有施展的机会，不断往上走的空间。

其次，建立人性化的运营规则。以人为核心设计制度并创造一个和谐的环境，工作设计兼顾挑战性和愉悦性，注意对员工绩效、薪酬等方面进行合理管理，淡化竞争气氛，给员工一个良好的发展空间，进而为员工构建一个完整而专业的支持系统。

最后是塑造职业化的管理团队。管理团队的水平高低，决定了员工幸福感的高低。密歇根大学格雷琴·施菁赖策等研究表明，经理人可以采取四项措施帮助员工提升幸福感：（1）赋予自主决策权；（2）分享影响业绩的信息与数据；（3）减少无礼行为；（4）提供绩效反馈。

随着经济的迅猛发展和国民素质的整体提高，人们对幸福的追求也不断提升。对于企业来说，坚持以人为本的企业运营才是企业发展的核心关键，是引领企业成功，决定企业兴衰的核心因素，没有人，任何工作都无法进行。企业坚持以人为本就应该抛弃那种单纯追求利润增长速度的发展模式，要善于经营人心，让员工拥有幸福感，唯有如此，企业才具有向前发展的不懈动力。

管理语录：

不为别人得益着想就不会有自己的繁荣。

——吉田忠雄

当我的员工有100名时，我要站在员工前面指挥部属；当员工增加到1000人时，我必须站在员工中间，恳求员工鼎力相助；当员工达到10000人时，我只要站在员工后面，心存感激即可。

——松下幸之助

微博时代的人力资源管理创新

这个时代,没有比微博更能自由地表达人们内心真实的声音了。微博的兴起,也在潜移默化中影响着人力资源工作的不同层面,它不仅提供了一个自由、平等交流的平台,让员工确立了自我意识,有了一个抒发心情与感受、阐明观点与不满的新出口,同时微博也成为了制约和监督企业管理的工具。

北京出台了《北京市主要行业公厕管理服务工作标准》,要求"公厕内只能有两只苍蝇",该标准出台后,在新浪、腾讯等微博上迅速汇集了网民们对此问题的推断、挖苦和无休止的玩笑。

一位网民写道:"应该严格控制苍蝇的性别,这两只苍蝇不能为一公一母,计划生育委员会应该搬入公厕办公。"

也有网民认为这些嘲讽的言论是不当的。他们表示,现在实施更加严格的规定改善北京公厕状况恰逢其时，一位微博用户写道："看看香港的公厕，你就会知道什么是国际大都市的样子了。这对改善公厕环境是一小步，对提高文明程度却是迈出了一大步，让我们从两只苍蝇开始做起吧。"

一则本来普通的事情，因为微博上的众说纷纭，迅速演变成一场凝聚公众眼球的典型事件，你不得不感慨微博的力量。

这个时代，没有比微博更能自由地表达人们内心真实的声音了。微博的兴起，也在潜移默化中影响着人力资源工作的不同层面，它不仅提供了一个自由、平等交流的平台，让员工确立了自我意识，有了一个抒发心情与感受，阐明观点与不满的新出口，同时微博也成为了制约和监督企业管理的工具。

去年年初，知名国际比萨饼外送餐厅连锁店达美乐的两名员工出于好玩的目的，在公司厨房中录制了一段他们如何滥用外卖食物和如何不遵守卫生规定的视频，然后上传至YouToBe，通过SNS网络的传播，这段视频被点击超过100万次。一周之内，达美乐的股价下跌了近10个百分点，同时这也使这家拥有50年历史的美国老店陷入前所未有的信誉危机。

这些所发生的情况，对于管理者们是一个很好的警示，是时候思考微博时代企业如何进行现代人力资源管理创新了。

创新之一：强化对员工的关怀

自从1911年弗雷德里克·温斯洛·泰勒的著作《科学管理原理》出版以来，在之后的将近一个世纪里，企业家、经理人都在义无反顾地追求高效率、降低成本和杜绝浪费，试图将产出提升至最大。而在这个过程中，员工往往被当作了"成本"，被科学、高效的方法管理着，往往忽视了员工的内心感受和人性化的管理。战后的日本创造了令人惊叹的精益生产，但同时也是过劳死频发的国家；2011年普华永道的员工因过劳猝死；深圳富士康的连环跳，这些事件都迫使管理者们重新审视和思考，如何兼顾企业竞争力和员工的内在心灵需求，而更加有挑战的是：在无法兼顾的情况下如何也能照顾到员工的内心感受？

微博的出现，给了我们这样的一条途径。如面对员工的生日、结婚、家中添丁等都是企业可以关注的内容，以微博的形式表示祝福可以表现企业更人性和温馨的一面，如"祝贺公司第X位宝宝诞生""祝贺公司XX先生与XX女士喜结连理"等消息总能温暖人心。

另外，企业高管成为员工的"粉丝"，及时了解和关注员工所思所想并对相关微博作出适当回应等举措，也将体现企业对员工的认可，从而让员工感受到关怀的力量。

创新之二：更加关注用工安全

微博让一切更加透明，员工所发布的不恰当信息，包括文字、图片、视频等，有可能泄露公司的保密信息，一不小心，企业将陷入法律泥沼。

员工的公开抱怨和离职员工的公开发难，即便并不那么公正，一旦出现难堪的问题，真实与否都不重要，微博本身不会判断它，只会传播、传播、再传播！由此所产生的后果难以预料。

没有规矩，任何事物都有可能发展出有害的一面。所以，在微博时代，非常有必要制定人力资源管理相关IT安全规定和社交网络使用守则等。如有必要，应建立公司级别的社交网络反应团队，并设立工作条例以便执行。一旦出现对公司不利的情况，能作出迅速、准确的反应，维护企业的内外形象。

微博时代的到来，极具变革性地改变着我们的生活和工作的方方面面，无限的微力将汇聚成大势，只要我们清晰微博将帮助我们实现更加"以人为本"的人力资源管理，我们就将更好地不断进行人力资源管理创新，从而成功驾驭又一次的新技术浪潮。

管理语录：

　　决定经济向前发展的并不是财富500强，他们只决定媒体、报纸、电视的头条，真正在GDP中占百分比最大的还是那些名不见经的创新的中小企业；真正推动社会进步的也不是少数几个明星式的CEO，而是更多默默工作着的人，这些人也同样是名不见经传的，甚至文化程度教育背景都不高，在这些人中，有经理人、企业家，还有创业者。

——松下幸之助

不能忽视的管理原点

> 企业任何一个员工包括新员工,一旦上岗,他必然知道要做何事,做到什么程度,如何做。如是,就是管理基础的夯实,我们再进行其他方面的制度建设也才会收到根本的成效。

这是一个过分重变道而忽略常道的年代。诚然,在这样一个不确定时代,我们要变,不变,就意味着落后、挨打,甚至走向衰亡!但再怎么变,总不能把一些基本的管理基础等常道上的东西也变了或忽略了。就像数学上有常数,管理上也必然有常道。常道就是原则、方向、基准。没有常道的管理,就像没有地基的房屋,终归是要塌的。

在一个组织中,我们为什么要谈管理,无外乎就是要通过管理让人在岗位上产生价值,简单讲,就是要让人能够在岗位上做事,做正确的事。但诚如很多企业不注意管理的常道,因此忽略了对工作职责、工作标准、工作流程等管理原点方面务实的思考，导致在此方面没有任何描述性成果，或表达不清楚，那么可以设想，一个人在岗位上连基本的职责、工作的方向和工作的流程都不清楚，又怎么指望他能为企业做正确的事。失去了管理的基本原则、方向和基准，我以为不仅仅是一种管理的缺憾，而是危险，是走上歧路、误入歧途的危险。

前不久，一位著名企业的总经理邀我品茗畅谈，聊及人力资源管理建设方面的困惑时，问我："我们花大价钱找到一家著名跨国咨询公司做绩效管理、薪酬管理方面的改革，但为什么就不能从根本上激励部门和员工更好地帮助企业完成目标？做了这事和没做这事好像没什么两样呢？"我也曾拜读该企业的绩效管理和薪酬管理制度，平心而论，制度是专业和科学的，无可挑剔，但为什么解决不了该总经理的心头之惑？听听部门和员工怎么说吧："我们公司的考核是很严格的，与薪酬的挂钩也很紧密，所以我们压力很大，也想把事情做好，但麻烦的是，我们的部门职责和岗位职责到现在都还清晰不了，我连做什么事都不知道，考核的目的又是要我们多做事。那好吧，只能凭着自己的理解去工作，结果一旦出来，上司却说工作结果不应该这样的，考核起来就扣分了。累死了也没成就感，反而多干多扣！"这就是问题的症结，如果部门和岗位连做什么事都不知道，考核和薪酬的激励方向岂不也迷失了，那么，这些制度再科学，对企业又有何作用？

著名经济学家郎咸平在国内很多场合演讲时都强调企业要"精益求精"。而香港"四大演讲天王"李嘉诚、李兆基、郭炳湘、郑义同也始终强调，他们"这一生的成功是因为保守"，其实，在他们的眼中，"保守"另有一番含义，就是遵循管理常道。通过将最基础的管理工作务实地精益求精，由此积累的企业管理资源和经验，都是最为宝贵的，也最能经得住经营考验。一些企业常常绞尽脑汁寻找各种管理新方法、新模式，却很少能够回到管理的原点，探究管理自然而然，水到渠成的规律。于是，我们常常看到，一些企业花了很大力气进行了企业内部管理变革，然而由于忽视了管理原点，一旦热潮过后，企业所有的投入，只能是流于形式或前功尽弃。

如何理解管理的原点，我们可以这样描述：企业任何一个员工包括新员工，一旦上岗，他必然知道要做何事，做到什么程度，如何做。如是，就是管理基础的夯实，我们再进行其他方面的制度建设也才会收到根本的成效。

认真对待而不忽视管理原点，就是遵循基本的管理常道，也是企业管理提升的根本解决之道。

管理语录：

变革是企业的生命。高层管理者的工作不是制订战略，而是创建一个能够不断孕育新概念的组织机构，是创造条件而不是设计内容。在这个过程中，最不容忽视的就是对人才的肯定和激励。

经营心灵

> 怀着乐观和积极的心态，让自己成为一个有积极情绪的人，奋发有为的人，不仅是先贤的一种道德理想，它同样适用于21世纪的企业和它的员工。

19世纪英国著名首相迪斯雷利曾说过："一个人要想成为伟人，唯一之道便是做任何事都得充满热情。"福克斯也说过："只要你有足够的爱心，就可以成为全世界最有影响力的人。"

"热情"和"爱"，其实是我们多样情绪中的其中两种正面的情绪。情绪是什么呢？《牛津英语词典》的解释是：情绪是一种不同于认知或意志的、精神上的情感或感情。它是主观意识上的经验，会影响人的行为。

在企业中，情绪无时不在，而且影响着我们的工作绩效，最终决定着员工的有效行为和企业的业绩。美国密歇根大学心理学家南迪·内森的一项研究发现，一般人的一生平均有3/10的时间处于情绪不佳的状态。因此，我们需要管理好自己的消极情绪。

目前，情绪管理是现代企业人力资源管理的一个盲点。我们往往认为企业的失误或失败是因为管理、营运方面等纯理性的问题造成的，却忽略了在此背后诸多与企业内、外部人的情绪、情感相关联的感性部分。从企业未来发展的主导来看，情绪管理必将成为一门新兴的现代科学。正确地认识情绪对企业发展有重要意义。

而情绪又来源于我们的信念、价值观。孔子说："以约失之者，鲜矣！"（《论语·里仁》）。一个人内心有所约制，就会减少很多负面的情绪。假如一个人真能做到一日"三省吾身"（《论语·学而》），真能"见贤思齐焉，见不贤而内自省也"（《论语·里仁》）就做到了约制。为什么我们一样在这个世界上生活，有些人活得欢欣而温暖，有些人却整天指责抱怨，他们的生活真的相差那么远吗？其实就像我们面前有半瓶子酒，悲观主义者说：这么好的酒怎么就剩半瓶了！乐观主义者则说：这么好的酒还有半瓶呢！表述不同源于心态不同。

工作并快乐着，这是情绪管理的目标。孔子说"智者不惑，仁者无忧，勇者不惧。"（《论语·宪问》）"惑"字上面是一个"或"字，把控情绪可以积极，也可以消极；下面是"心"字，当你可以消极也可以积极时，坚守住心灵准则，心托得住才能不惑。

怀着乐观和积极的心态，让自己成为一个有积极情绪的人，奋发有为的人，不仅是先贤的一种道德理想，它同样适用于21世纪的企业和它的员工。会经营心灵的企业，也是可以让员工焕发积极情绪的企业，是有未来发展的企业。

管理语录:

对上司谦逊,是一种责任;对同事谦逊,是一种素养;对部属谦逊,是一种尊荣。

——本杰明·富兰克林

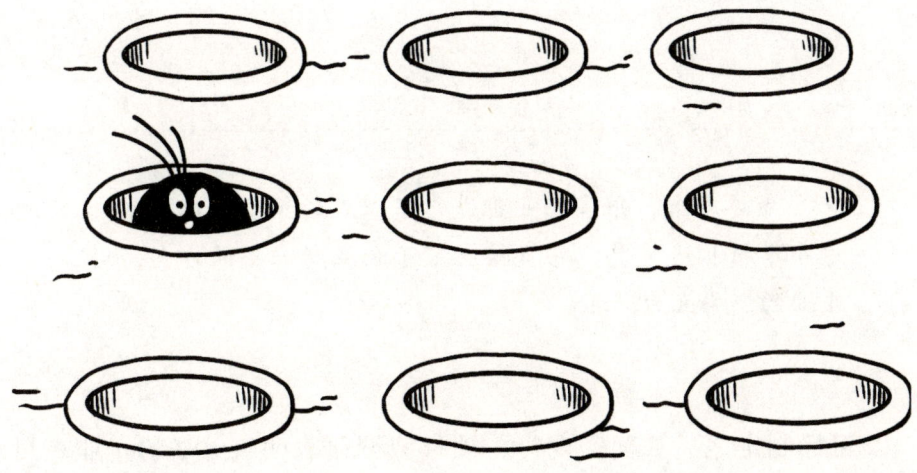

四步骤，帮助企业落实年度目标

年终岁末，很多企业都进行了正式的年度目标规划，这个举措相当重要，它直接决定了企业新一年的方向，对企业的影响至为深远。

目标制定之后如何实现？一项权威调研表明，90%的企业在目标实现的过程中都存在着或多或少的问题，以至影响了目标的成功实施。

原因是多方面的：有可能是目标没有深入人心，中层不了解，基层也不知道，据AMT调查，85%的经营层每月用于讨论战略与目标的时间不足一个小时；也可能是目标未能形成行动计划或目标与考核的关联不足，导致目标与行动相脱节，并且60%的企业未能将预算与目标相结合；还有可能是执行手段不力等诸多问题。

企业有张宏伟的蓝图,但转化成年度目标后却实现不了,这样的蓝图犹如画饼充饥,并没有实质意义。那么,目标制定后,如何执行落地,以成功实现企业的发展蓝图呢?针对企业的运营特点,我们系统总结出了帮助企业实现年度目标的基本四步骤,按照这四步骤循环运作,可以持续推动企业目标快速落地,促进企业绩效显著提升。

第一步,制定企业年度目标与目标分解系统。企业要实现可持续发展,一个最为直接的挑战在于企业所设想的战略蓝图能不能举大家之力得以执行落实。一家企业的执行力水平如何,决定了企业的发展,而执行力的高低,首先又和上下之间是否具有共同的方向紧密相关,所以,以年度目标来统领大家的共同方向,是必须而且重要的。当然,年度目标不是仅写在纸上的一堆文件,要在实践中加以落实,才有现实的价值。年度目标能不能落实,取决于执行者的态度和行动。在目标进行层层分解时,上级要把握下级是否理解和认可,而下级要了解目标制订的真正意图和上一级的工作要求。只有上下之间达成高度共识,才会有执行者良好的态度和坚定的执行。本质上,企业在制订年度目标和进行目标分解时,其过程应是一个培训和沟通的过程。

第二步,建立行动策略和方法措施系统。企业年度目标要得到落实,围绕目标清晰明了行动策略和方法至关重要。有了目标,但缺乏具体的行动策略和方法,目标落实往往成空。所以,目标明确后,各部门和岗位一定要围绕目标,层层进行思考:要采取的行动策略是什么?有什么障碍?如何解决?什么时候完成?谁负责?并制定出详细的行动计划表,依计划严格执行。

第三步,建立过程管控系统。制定了目标,也依此确立了行动计划,企业各层级管理者并不能就此认为万事大吉,更不是我们通常所说的"只看结果,至于怎么做,大家自己想办法,我不管",而是要确保过程的可控，因为只有过程的可控，才有最后结果的可控。所以围绕着最终目标的达成，平时，比如每月、每周，甚至每天，作为管理者一定要有过程管控的意识和行动，检查工作进度是否符合要求，过程当中是否有需要大家共同解决的问题。只有深入地把控了过程的节奏，并不断修正过程中出现的问题，才有最终对年度目标的完美执行。

第四步，建立绩效奖惩激励系统。目标是否达成，必然要与奖惩有效地挂起钩来，"人之初，性本懒，要人做，利益跟"，人往往只做被考核的事，不考核就有可能不做，如果没有达成目标的和达成或超额达成目标的，在分配上没有任何区别，久之，大家都会选择不执行。所以，要让大家通过行动更好地落实企业年度目标，一定要建立相关的绩效奖惩激励系统，按价值分配，才能调动大家执行的积极性。

企业年度目标的实现，关乎企业的战略落实，也对一家企业的永续经营产生根本影响，而落实目标的根本又在于人员的执行力。谈到执行力，又牵涉到两个重要因素：一是对执行什么的高度共识，二是对执行结果的利益分配，解决好这两点，执行力的提升才有保障。年度目标四步骤其实就是通过系统的方法来驱动执行力这两个重要因素落实，一旦落实，年度目标实现的难题自然迎刃而解。

管理语录：

　　我是要求速度的，尽快实施，我不会说花三个月来谋划，把这个规划书标点符号都改清楚了，然后再去做这件事情，我不会。我是边实施边做边修正。只要有三分把握的事，我就敢去做。

——黄光裕

真的是绩效主义毁了索尼

> 绩效考核与绩效管理,两者有本质的区别:绩效考核以评估为核心,很容易将个人与企业导向对"短期利益"的追逐;而绩效管理以管理为手段,旨在推动绩效改善,驱动企业走向"可持续"。

前几年,网上一篇文章《绩效主义毁了索尼》,因为作者是世界知名公司索尼的常务董事天外伺郎,绩效考核又是公认的世界难题,所以这几个因素的组合,使这篇文章迅速成为网上热点。我本人这几年一直致力于推动中国企业实施绩效管理,并且在一大批企业取得成功的实践经验,所以当时天外伺郎所讲的绩效主义"毁"了索尼,我并没有太当真,付之一笑而已,充其量也只把其当成是管理学界"百花争鸣"的一种现象。事实上,管理不可能有对错之分,在索尼考核的失败，并不意味在别的企业就成功不了。直至这一个月，又有两家国有企业的高管重提这篇文章，我才觉得很有必要把我们这几年在企业实践绩效管理方面的一些观点，提炼成文，供大家参考。

首先要说明的是，天外伺郎在《绩效主义毁了索尼》这篇文章所提出的，如："所谓绩效主义，就是业务成果和金钱报酬直接挂钩，员工是为了拿到更多报酬而努力工作。因为要考核业绩，几乎所有的人都提出容易实现的低目标，可以说索尼精神的核心，即"挑战精神"消失了。索尼公司不仅对每个人进行考核，还对每个业务部门进行绩效考核，由此决定整个业务部门的报酬，最后导致的结果是：业务部门相互拆台，都想方设法从公司的整体利益中为本部门捞取好处……"等。这些论断，其实是绩效考核而非绩效管理，而绩效考核又是双刃剑，运作不当，很有可能毁了一家企业。

绩效考核与绩效管理，两者有本质的区别：绩效考核以评估为核心，很容易将个人与企业导向对"短期利益"的追逐；而绩效管理以管理为手段，旨在推动绩效改善，驱动企业走向"可持续"。

我们倡导企业导入绩效管理方法而非单纯的绩效考核手段。企业要成功导入这项工作，首先要对绩效管理有正确认知。下述的五个观点，能促进大家更深层次的了解绩效管理。

观点一：绩效管理是战略执行工具。对企业的发展而言，两个关键要素很重要：一为战略，二为管理。两者之间的逻辑关系是，在保证战略正确的前提下，管理就成为了推动企业发展的最核心要素。一旦企业明确方向，必然要将未来的长远发展目标转化成短期目标并逐一落实到各部门、各岗位去执行。而管理者带领部门员工落实目标的过程即为绩效管理。这个过程涵盖了绩效规划、过程管控、分析评估、激励改善四大环节。绩效管理首先是管理平台，而非单纯的评估工具，没有系统的绩效管理运作，执行必定出问题。

观点二：没有考核就没有管理。管理的本质是不断发现问题、不断分析问题和不断解决问题的一个专业循环。解决问题决定了绩效是否能持续改善，绩效改善又决定了企业的竞争力。而解决问题的前提在于发现问题，所谓"发现"，就是目标与现实之间的比较，这个比较的过程，恰恰就是评估的过程。所以，考核的重心应放在发现问题之后的分析问题和改善问题，若光评分，但不分析改善，这种考核评分对驱动企业发展几乎没有任何作用。

观点三：绩效管理推动持续的沟通交流。企业执行的问题往往在于沟通不畅，上级不知下级看法，下级不知上级想法。导致想归想，做归做，想和做是两张皮。享誉北美的绩效管理专家罗伯特·巴克沃对绩效管理的定义是："绩效管理是一个持续交流沟通的过程，该过程由员工和主管之间就工作职责、任务目标等通过协议的方式来达成共识，并保证完成。"没有共识一定没有良好的执行，就这点而言，绩效管理的价值不言而喻。

观点四：绩效管理是推进职业化的有效工具。毋庸置疑，当前的很多企业有太多的管理者不知如何"管"，有太多的员工不知如何"做"。因此，特别需要一个专业的工具和方法，教会大家如何"管"，如何"做"，如果企业真正理解了绩效管理，并按照绩效管理的每一个步骤专业地实施，企业各阶层将很快地进入职业化层面并职业化地开展工作。

观点五：绩效管理不是人力资源部的事。通常，企业的管理者都没有认识到自己身上的绩效管理责任，而是把它当作完成人力资源部门布置的任务。因而，能推则推，能省则省，经常曲解绩效管理政策，只做人力资源部和领导能看到的工作，比如填表和考核评分，但更加关键的过程管控、绩效辅导、绩效分析与绩效面谈等并不关心，甚至根本不做，导致戴着绩效管理的"帽子"，却做着单纯考核的事情,如此,怎么能体现绩效管理的价值?绩效管理要想成功,两种人的热爱与参与至关重要,一种是绩效管理组织者,一种是绩效管理执行者。第一种人,通常是人力资源部,也有的放在企业管理部抑或是专门成立的绩效管理办;第二种人就是企业的中高层管理人员,他们的理解是否和绩效管理的理念保持一致,他们的执行是否严格按绩效管理的套路走,直接决定了绩效管理的成败。只有这两种人都训练有素,并且都上了"正轨",绩效管理才能可持续推动与执行。

我认为,当前企业在绩效管理方面的焦点核心,一定不在于讨论这项工作是不是要做的问题,而是何时能做、做多好的问题。请大家一定要记住,没有绩效管理必然没有好的执行,没有好的执行必然没有企业的竞争力,进而影响到企业的生存和发展。

管理语录：

　　万科之所以能走到今天，就是因为有稳定的心态，一步一个脚印。在这个社会上，有很多事情是没法超越的，不是你想多快就能多快。

——王石

绩效管理是"一把手工程"

>绩效管理作为管理工具和方法,管理者应把其当成份内的职责实践好。若同样身为管理者的"一把手"并不率先垂范实践好这方面的工作,其他管理者怎会热衷于此事?

毋庸置疑,绩效管理对企业管理的促进作用是明显而巨大的,也正因如此,绩效管理才成为近十几年来,国内企业一直持续的热点之一。但令人尴尬的事实是:绩效管理如此重要,不过十有八九的企业都存在执行不下去,执行不到位,做着做着就成了走形式的现实。

事实上,绩效管理体系的设计只是为企业搭建了一个绩效管理的框架,其科学性、合理性并不能保证企业就此能够有效地运行;要想绩效管理能够有效运行,需要进行有原则、有策略、有步骤地推动,并且在推动过程中把握其关键点：绩效管理是"一把手"工程。

绩效管理，其目的在于促进组织绩效的产生，而组织绩效是一把手所要直接关注的重点，当然需要一把手亲自来抓。另外，绩效管理作为管理工具和方法，管理者应把其当成份内的职责实践好。若同样身为管理者的"一把手"并不率先垂范实践好这方面的工作，其他管理者怎会热衷于此事？企业的事，若管理者不拥护，一般皆会流于形式。

既然绩效管理是"一把手"工程，那么，一把手如何推动绩效管理体系的运行？

首先，一定要成为绩效管理专家。

绩效管理作为一把手工程，必然需要一把手亲自参与体系的制定，并对各种理念和工具熟练掌握。只有这样，这一管理手段，才能在组织中"自上而下"地运行起来。大凡绩效管理做得好的企业，一把手往往也是绩效管理方面的专家，不仅对绩效管理在企业推动的过程会碰到什么问题、如何化解这些问题了然于胸，而且，也能亲自登台为其他管理者传授绩效管理的理念、经验和方法。

一把手也只有熟练掌握了绩效管理体系的理念和工具，并且率先垂范，各层级员工才可能上行下效，从而强力推动绩效管理的执行。

其次，应对绩效管理四大环节亲自专业地执行。

第一环节是绩效规划。一把手应对企业的愿景和方向了然于胸，并且要将此规划成短、中、长期目标。不但要将目标非常高效地层层分解，做到责任到人，更重要的是要让下属的行动方向同自己的意愿保持高度一致。

第二环节是过程管理。在下属完成目标的过程中，如何通过绩效检审会等手段，进行纠偏、防错、激励等，以使问题消灭在萌芽状态。

第三环节是绩效分析与评估。考核评分首先不是拿来评各部门得了多少分,而是通过评估来发现差异,并且通过分析来解决问题,只有如此,考核评分才会有真正的价值。

第四环节是做好激励与改善。考核的结果一定要和物质分配挂起钩来,但不能仅以分配为目的,更主要在于促进人员的能力提升,所以绩效反馈与面谈是一把手必须要做好的基本功。

一把手们只要做到了以上两点,绩效管理体系的推动工作也才能顺理成章了。

总之,组织要想有效运行绩效管理,需要由一把手深度参与,并率先示范,否则,不论是人力资源部还是其他承担该职能的岗位或部门,即使再努力,也很难顺利推动绩效管理工作。

管理语录：

　　解决无效管理，首先要在思想观念上树立以几何级数去提高工作效果的信心；其次，要有创新是无止境的观念，创新的空间存在于每个地方、每个人、每件事上。

——张瑞敏

绩效管理如何实现企业与员工双赢

管理者和员工要设定阶段性的工作目标并达成高度共识，即员工洞悉管理者对自己的工作要求和期望，管理者了解员工对工作的看法及对目标有何想法。只有达到了高度共识，才能有序地让每个人都知道为什么努力，如何努力，也才能促进最终职责履行和目标的达成。

Michael G. Winston，曾经先后在洛克希德马丁、麦道、摩托罗拉、美林证券担任首席领导力战略策划师，现在任职于美国国家金融服务公司（Countrywide Financial），最近，他在写一本新书——《世界级的绩效》。

在书中，他阐述：假如你曾经亲眼目睹并亲身经历过那些风风雨雨，起起落落，伟大组织的崛起和失败公司的衰亡，你一定会从中学到教训，不仅将这些教训"入脑"，而且会"入心"。而作为这些崛起和失败公司的见证者，他更多的是关心绩效和绩效管理，并由此形成的竞争力和可持续发展。

是的，绩效管理如此重要，以致于几乎大大小小的企业都在策划和实施这项工作，但事实效果又如何呢？

对于企业而言，年年都在搞绩效管理，但企业问题依旧，人员效率也没能从根本上改变；对各部门管理者而言，绩效管理是不得已而应付的工作，是一件令人头疼的"得罪人"工具；对于员工而言，几乎大家都认为绩效管理就是用于克扣奖金，以至人人都心生怨气！

所以，在很多企业，绩效管理成为了食之无味，弃之不能，对企业所有各方均无益处的"鸡肋"。如何改变这一尴尬局面，让绩效管理实现企业与员工的共赢？

想起著名管理学家，肯·布兰查德（Ken Blanchard）在谈到绩效管理时所举的一个教学案例。

他说他在大学教学的十年里，有时会与其他的老师出现分歧，因为他总是在上课的第一天就把期末考试的题目告诉学生。当同事问他为什么这么做时，他说：他计划用一个学期的时间去教授他们问题的答案，这样，当期末到来时，每个人都将会得到一个"A"。

这个教学案例无疑为我们指出了正确的绩效管理之道：所有的绩效考核工作都是为了让员工获得最好的成绩，即为了得"A"。只有秉承这点，才能最终实现企业和员工的双赢。由此出发，绩效管理的设计和实施，应做到：

首先，一定要树立正确的绩效管理理念：绩效管理的重心，并不在于评部门和员工得多少分，这是重要措施，但并不是目的。目的在于两点：促进职责履行、目标达成和员工素质提升。围绕这个目的，绩效管理流程应务必要做好以下三个方面。

一、明确职责，设定目标

首先要清晰每个岗位的职责是什么，这是绩效管理的基础，也是前提。在此基础上，管理者和员工要设定阶段性的工作目标并达成高度共识，即员工洞悉管理者对自己的工作要求和期望，管理者了解员工对工作的看法及对目标有何想法。只有达到了高度共识，才能有序地让每个人都知道为什么努力，如何努力，才能促进最终职责履行和目标的达成。

二、跟踪过程

管理是一项通过他人完成工作的艺术，设定目标等于是管理者将指令传达给了员工，但这仅仅是个开始，更多的工作是如何通过管理者和员工的合作来完成这些目标。在工作的过程中，管理者要提供资源和智力支持，使员工能获得完成工作所需要的知识、经验和技能，为员工及时消除障碍，将问题消灭在萌芽状态，鼓励员工不断进步，以使事前所设定的目标，在双方的共同合作下，能如期达成。

三、做好绩效分析和评估

绩效管理不是单纯考核评分，而是为了更好地总结经验，发现问题、分析问题并解决问题，以促进员工能力的提升和业绩的改善。所以，管理者对员工进行绩效评价时，一定要做好绩效分析：为什么做得好？为什么做不好？做好了，哪些可发扬？做错了，应如何改善？并和员工做好面对面的交流沟通。这样做，一方面使员工坚信绩效管理是为了帮助大家成功，另外一方面，也以此促进员工素质提升，进而促进组织进步。

绩效管理对组织的发展是如此重要，但只有树立了正确的绩效管理理念，并做好了绩效管理流程中所有该做好的工作，绩效管理才能帮助组织和员工成功，实现共赢。

管理语录:

经营者除了具备学识、品德外,还要全心投入,随时反省,才能领悟经营要诀,结出美好的果实。

合理利润的获得,不仅是商人经营的目的,也是社会繁荣的基石。

——松下幸之助

"用工荒"背后，是企业博爱精神的缺失

> 若不爱人，就有地狱的永刑在等着你。这种爱的取向，一旦当作信仰成为西方人"共同精神"后，就能轻易将原本心态各异的个人结合起来办大事，做大企业。

今年的"用工荒"比往年似乎来得更凶猛一些，相当多的企业已为此焦头烂额。追溯"用工荒"，很多人说这是制度问题，比方房价的高涨、户籍歧视等，逼迫着很多人逃离经济发达城市；有人说这是新生代工人的追求已经发生了变化，似乎"高不成，低不就"；也有人将此归结于内陆和沿海发达地区的工资水平逐步接近……诸如此类，不一而足，看看都有道理，但导致"用工荒"的根本事实，或许首先来自于企业自身。

早在10年前,我就和若干民营企业家们谈过:信不信,再过几年,你们所在的企业铁定很难招到工人。那时几乎没人相信,泱泱中华,十多亿人口,还招不到我这千把十号人?可是现在呢?"用工荒"已成为东南沿海企业,尤其是民营制造业挥之不去的纠结。绝对不是我有多厉害,能预测十年后的事,而是我看到了当时很多企业,缺乏一种精神,这种精神,叫博爱!

很少有人想到,爱与企业发展会有什么关系,但你要注意到:为什么一个原本比中国落后得多的西方逐渐变成最强大的西方,又能将蛮荒之地美利坚变成世界上最繁荣、最强大的国家?实在是因为爱的强大精神动力啊!

对于这点,很多人难免疑惑:我们也有爱啊,子曰"仁者爱人",中华文明赖于孔子,老祖宗都在谈"爱",我们怎会缺"爱"?事实上,中国人的爱往往只能来自天性地去爱自己的孩子、父母和家人,再远一点的可以爱及家族,更远一点到爱及老师、同学,到头来均是特殊之爱、狭隘之爱;而西方文明传承的是一种博爱精神,源头来自基督教文明。君不见,美国总统宣誓,手下都要压一本《圣经》。我尽管不是基督教徒,但基督教所提倡的"博爱"我还是略知一二:第一,每一个基督徒都应爱人;第二,基督要求不仅爱你所爱的人,甚至还要爱你的仇敌;第三,爱是神的最大诫命,你作为人,绝对要服从;第四,若不爱人,就有地狱的永刑在等着你。这种爱的取向,一旦被当作信仰成为西方人的"共同精神"后,就能轻易将原本心态各异的个人结合起来办大事,做大企业;而缺乏"博爱"的中国企业,往往就缺乏合作、诚信、共同目标等一大堆赖于发展的精神资源,到了一定程度,因为没有了一种基本的人心凝聚,企业就会停滞不前了。

两者的区别到底有多大,其实就两字——"尊严"!前文所提到的企业家们，有没有爱？表面上有：提供了环境优美的宿舍、饭菜可口的食堂、器械完善的健身房，当然还有不菲的工资奖金，但身处在里面的人，时常读到的却是"施舍"，我给你这些，是一种上对下的"给予"或"恩赐"，活着没有"尊严"。之前因为没有机会，在你的企业，即便没有"尊严"，也苟且活着；但现在遍地机会，你不给我"尊严"，我当然舍你而去，这和钱之类的物质没有关系。"用工荒"背后，就是我们的企业家"博爱"精神的缺失。如果发自内心地把你的员工当作亲人来爱，在爱的方面再对员工给力一些，会有今天的"用工荒"么？

凝聚人心的力量，不仅仅体现在硬件的投入，更体现在企业家及企业的一种博爱情怀。有了发自内心对别人的热爱，任何时候，我们的周围都会有人的凝聚，也便有了企业的发展。

管理语录：

　　古今之成大事业、大学问者，必经过三种之境界："昨夜西风凋碧树。独上高楼，望尽天涯路"。此第一境也。"衣带渐宽终不悔，为伊消得人憔悴。"此第二境也。"众里寻他千百度，蓦然回首，那人却在，灯火阑珊处。"此第三境也。

——王国维

"用工荒"背景下的人力资源精益管理

> 精益人力资源管理,是当前企业在"用工荒"背景下,面对工资提高导致劳动力成本上升、通胀导致原材料价格上涨及人民币对外升值三重压力下,重塑竞争力的不二法宝。

春节过后,中国各地频频传出用工荒的消息。这是自2003年以来,各地面临的一个人力资源常态性新课题,且程度逐渐加剧。当前,不仅在东南沿海地区,内地不少地区也出现缺工现象。

有人说,坐享了30年人口红利的中国,已经迎来了刘易斯拐点(指劳动力从过剩到短缺的转变);也有学者强调,中国其实并不是劳动力绝对短缺,只不过很多用人单位的待遇已经不能满足员工的要求。

无论什么情况,我们需要清晰的思考,为什么会有当前的"用工荒"？我认为，有三方面的原因：一是社会制度原因，房价高涨、通胀因素、户籍歧视等这些制度性原因逼退了一些员工，尤其是"民工"；二是企业自身原因，很多人一针见血地指出："用工荒"折射出的是很多企业的"道德荒"，跟很多企业长期不重视人力资源，甚至在某些方面亏待员工有关；三是新生代员工的心态发生了根本转变，较之老一代，新生代维权意识强，对人生的追求价值也呈多元化，更在意有尊严和体面的劳动，对工资报酬的要求也相对较高，因此对工作相对挑剔，导致频繁跳槽。

不管怎么说，当前的"用工荒"在我认为并不是绝对的"用工荒"，而是相对的"用工荒"。因为在当前，我国人力资源的总体状况仍然是供大于求。一是当前城镇化的推进，使得数量庞大的农村富余劳动力源源不断地转移出来；二是每年还有上百万大学毕业生走向社会；三是具有城市户口的隐性失业人员也居高不下，如创业失败，又不愿意再重返"打工"位置的一批人。不论城市还是农村，劳动力资源远没有达到供需平衡，要说有问题，是出在"就业难"，而不是"用工荒"。那些"缺工"的企业，往往是那些长期以来不善待员工的企业！

由此可看出，"用工荒"事实上是伪命题，但现在的伪命题并不意味着我们永远可以坐享人口红利，现在在一些地区和企业出现的相对"用工荒"正为企业和地方经济的发展敲响了警钟。政府和企业应清醒地意识到，对劳动力资源任意索取、粗放经营的时代已经结束，步入了人力资源的精益管理阶段。政府和企业要顺应这一发展趋势，转变思路和方法。除了政府要着力转变和改善社会环境之外，以技术革新取代对低廉劳动力的依赖，以高附加值员工取代对低端市场的坚守，也是企业自身要考虑的转型之路。无论政府还是企业，都要做好长期努力的准备。

长期的着力，还要加上即时的努力，面对着"用工荒"的环境，企业在眼前至少要做好下述三方面的工作。

一是要营造无边界人力资源管理环境。人力资源管理工作的重要性毋庸质疑，但人力资源管理的工作靠人力资源部的努力，显然无法做好，所以人力资源管理要突破人力资源部门的范畴，要打破部门的边界，使上至总经理，下至班组长，凡是有下属的管理人员一定要树立"要做好管理，首先要做好人力资源管理"的现代管理理念。管理者务必要掌握现代人力资源管理理念和提升人力资源管理技能，管理者共同着力，建立一个无边界人力资源管理环境，才能从根本上提升企业的人力资源管理水平。

二是要重视建立口碑相传的雇主品牌。雇主品牌的塑造和传播，最后在社会上形成的影响力，将直接决定企业招聘的成败和能否留住人并用好人。企业要像重视产品品牌的塑造一样重视雇主品牌，只有良好的雇主品牌，才能依托人去打造能永续发展的产品品牌。

三是要对人力资源做到精益管理。人力资源规划及招人、育人、用人、留人要突破传统思维的局限，寻求创新的方法并做到精益管理，以增强员工对企业的认同感、依存感，强化人员的最佳配置，不断提升人员素质，最大限度开发人的潜能，以实现人企最佳结合的最大效益。

精益人力资源管理，是当前企业在"用工荒"背景下，面对工资提高导致劳动力成本上升、通胀导致原材料价格上涨及人民币对外升值三重压力下，重塑竞争力的不二法宝。

管理语录：

　　一个公司在两种情况下最容易犯错误，第一是有太多的钱的时候，第二是面对太多的机会，一个CEO看到的不应该是机会，因为机会无处不在，一个CEO更应该看到灾难，并把灾难扼杀在摇篮里。

——马云

马云住房福利新政背后的隐忧

如果企业要谋求自身运营效率的改变,其根本又回归到对人的激励。在这点上,又有两点需要企业作出深层思索:其一,对人的激励,是不是仅只有高的物质利益回报措施?第二,予以员工比之前高的物质利益之后,其效率是不是能同步跟着水涨船高?

据2011年8月31日《21世纪经济报道》披露:2011年上半年,浙江新增中小企业5万多家,注销1万多家。但这个数据并不足以反映中小企业目前面临的真实困境,浙江中小企业促进会会长周德文称:"目前,浙江有20%的中小企业处于停工和半停工的状态,远远超过2008年金融危机时期。并且,这一数字仍可能继续扩大,今年下半年,若外部环境不发生大的变化,政策不做出调整,这一数字还将扩大到40%。"有官员指出,导致今年中小企业日子异常艰难的原因是:国际经济波动、宏观政策趋紧、通货膨胀明显、要素制约加大。有经济学家也如此概括中小企业目前面临的困境——"三荒两高"：钱荒、人荒、电荒，高成本、高税收。

报道称，温州中小企业目前遭遇的困境，与2008年金融危机时有很大不同：2008年，许多中小企业因为接不到订单，被迫停工甚至倒闭，而这一次的困境是，有订单企业都不敢接，不愿接，因为利润太薄，很多企业的利润只有1%到2%，甚至亏损。

为什么利润会薄呢？温州规模最大的打火机企业——东方打火机厂的负责人算了一笔账："2011年以来，虽然企业已经裁员200人，但其用工成本却增加了10%。而且产品价格还不能同比上涨，否则就没有竞争力了。"

8月17日，阿里巴巴集团宣布将为员工提供30亿元免息住房贷款，个人最高可申请30万元。马云可不可以不去做这个事情呢？可能不行，因为阿里巴巴的发展，最终还是要靠人，他们此举的着眼点无疑是为了吸纳和留住更好的人才，并且激励人将工作做好。但问题是，光是这一举措，将给阿里巴巴增加多少人工成本？社会上，又存多少有如此雄厚财力的阿里巴巴呢？

这让人想起"企业办社会"，1998年开始的房改，当时提出要改革"企业办社会"，让企业和政府各自回到本位，企业轻装上阵追求盈利，政府维持经济秩序并提供公共福利。就住房问题而言，成功者可以通过买商品房解决，弱势群体由政府提供保障房（针对底层人群的廉租房和针对中低收入人群的经适房）。然而，回看这几年，公共福利这块显然已严重滞后，所以，逼迫着马云们自己咬牙扛下这块。

类似这些转嫁给企业的社会成本导致的后果呢？浙江省商务厅综合处对1700多家外贸企业的最新追访，显示约两成企业的主营业务利润在利润总额中占比不到20%，呈现"企业主营业务边缘化"现象。因为利润薄，近年来部分中小企业仅把实体产业当做融资平台，将资金用于投资房地产，甚至股市等。如果，实体产业逐步空虚化，而企业家们又热衷于搞投资，对国家未来的经济发展而言，是不是埋下了巨大的隐患？

因为牵涉的因素太多，要论述清楚上述这些话题未免过于复杂。事实是，无论如何，一大批中小企业不得不面对这样一个经营环境：高成本、高税收的双高时代，又加上时不时来搅一下局的"钱荒"、"电荒"。要谋求现在的生存和未来的发展，企业的正确思维应该是：谋求能改变领域的突破，放弃你自身没法把握的幻想。能改变的是自身的运营效率，不切实际的是指望公共福利能在短时改善的幻想。

如果企业要谋求自身运营效率的改变，其根本又回归到对人的激励。在这点上，又有两点需要企业作出深层思索：其一，对人的激励，是不是仅有高的物质利益回报措施？第二，予以员工比之前高的物质利益之后，其效率是不是能同步跟着水涨船高？

既然在未来很长一段时间，企业不得不去"办社会"，那么，上述这两点，企业需要给出答案，越快越好。

管理语录：

　　阿里巴巴今天还能生存有三个原因：第一，我不懂技术。公司里开发的软件，我会是第一个试用者，如果我不会用，那普通的商人也不会。第二，我们没有那么多的资金，所以过日子必须小气。第三，我们没有商业计划，这个行业的变化太快了，计划永远赶不上变化。

——马云

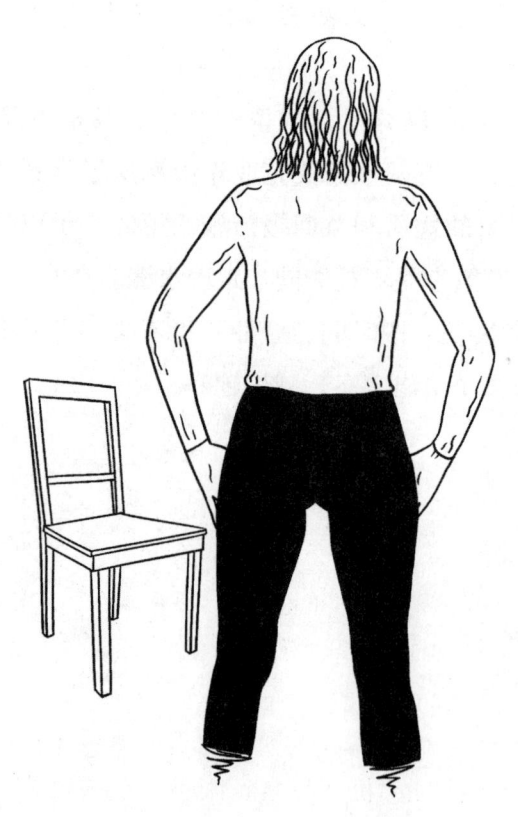

2011，中国老板比较烦

企业要赚钱本无可厚非，但把企业的目的和理想简单定义为"利"，势必导致"投机"。什么赚钱就干什么，丢掉了实业，迷失了自己，一遇风险，便可能成了过不去的坎！

2011年的一段时间，老板出逃成为温州人乃至全国人民热议的话题，跑掉的老板大多牵扯到民间借贷。据《21世纪经济报道》消息，截至2011年10月初，浙江全省有228名企业主"跑路"，9人自杀。

改革开放初期乃至数年之前，温州人凭借对市场的敏感以及坚韧不拔的勤奋，从模仿开始扎扎实实做实业，成就了"温州模式"，短短几年间，温州人把打火机、灯具、眼镜、制鞋这四个产品利润率都谈不上高的产业做成了温州的支柱产业。然而，近几年温州人更多的是与放高利贷、炒煤、炒楼这些投机炒作联系在一起。

到底什么原因促使温州的一些企业家不再热衷经商办实业，而是一窝蜂地去放高利贷、炒楼、搞投机？

据报道，一些做实业的温州企业年利润达到10%已经非常可观，而放高利贷或者炒楼轻易就可达到百分之二三十乃至四五十。有一位温州老板做实体经济，1000来人的厂拼死拼活干，一年利润刚过百万。可他夫人在上海买了10套房，8年后获利3000万。两厢一比较，周围的很多老板都不想做实业，转而搞投资了。

这种现象，不独在温州，在全国其他地方也非常普遍。近来，中国4200万家中小企业的老板也都很忙、很烦，他们想尽快摆脱原材料价格上升幅度高，招人难度高，融资成本高等老"三高"的纠缠，不曾想还要经受今年以来资金链骤然紧绷，电荒加剧和转型升级的新考验。无怪乎有企业家感叹"搞实业不如搞投机"。

实际上，我们几乎不用任何深层思索就可感知，若一大批的企业都放弃实业而转身搞投资，对中国经济的发展会带来什么灾难性后果！2011年12月12日《中国青年报》的一则消息称："近日，在某论坛上民生银行负责人表示，银行利润那么高，我们自己都不好意思公布。资料显示：今年前三个季度，商业银行累计实现净利润8173亿元，平均资本利润率为22.1%。与之形成鲜明对比的则是实业发展的冰冷现状。"因而，该报呼吁："当前，被政策、制度高高拱起的银行业，不能变成压在实业肩上的重石！当银行的火热遭遇实业的冰冷，不知这样的反差何时终结？"

尽管，张维迎教授曾说过，西方的企业家是跟市场的不确定性作斗争，而中国的企业家是同时与市场的不确定性和制度的不确定性作斗争。但我要说的是，企业家烦恼的起源应该不首先来自市场的不确定性和制度的不确定性，而在于企业家精神的缺失！

松下幸之助曾经说过："公司即是道场。"企业家经营企业，利民利国，修身治德，所以办企业即修行求道。柯林斯认为，如果你想建立一家伟大的公司，一家基业长青的公司，需要有超越利润的目的，把公司办成道场。所谓超越利润的目的，就是一种恒久的企业价值观，如迪斯尼公司的"使人们过得快活"，华为公司的"丰富人们的沟通和生活"。企业要赚钱本无可厚非，但把企业的目的和理想简单定义为"利"，势必导致"投机"。什么赚钱就干什么，丢掉了实业，迷失了自己，一遇风险，便可能成了过不去的坎！

所以企业家精神一定要蕴含"止"的精神。止，不是驻足停止，而是有所依凭，有所坚持。坚持不干什么是止，坚持干什么也是止。知止方能行，知止方能悟，知止方能处于不败之地。知道了自己需要坚持的是什么，尽管过程中要忍受寂寞甚至折磨，但做企业便有了意义。

那么多老板跑路，甚至跳楼，就是因为不知止，不知道自己终其一生的追求究竟是什么，也就不能戒，不能定，不能生发出无穷的智慧。

依靠第一代创业者的艰苦奋斗，中国企业已蔚然大观。中国企业家也登上了社会的舞台，渐露成为中国社会脊梁的气象。然而中国企业家还需不断修炼企业家精神，立身行道，找到自己的心灵家园，才能意象超迈，格局宏阔，创百年不变基业，利益邦国，利益民众！

管理语录：

　　在艰难时期，企业要想获得生存下去的机会，唯一的办法就是保持一种始终面向外界的姿态。若想长期生存，仅有的途径就是要使人人竭尽全力，千方百计让下一代产品进入用户家中。

——约翰·多伊尔

成本涨，效率不涨，企业衰亡

> 时间重于金钱，效率决定成败。效率高低不仅体现了一家企业的管理水平，员工素质高低，更决定了一家企业有怎样的未来。

德国《法兰克福汇报》网站2013年3月15日的一份文章表明：中国已不再是工资低廉之地。文章说，自从中国2001年加入世贸组织以来，工业企业的工资以美元计算实际上涨了两倍，渣打银行估计，2013年企业员工的工资将平均上涨9.2%。而政府相关计划显示，未来五年内，最低工资每年至少提高13%，至今年上半年，已有11个省提高了最低工资标准，平均提高16%。但另一方面，根据德意志银行的调查，自2008年以来，中国工业企业的工资上涨幅度实际上高于每个员工的国内生产总值增长幅度。以致中国的生产效率提高幅度低于泰国和马来西亚。

这事实上凸显了中国企业当前的尴尬事实：一方面，需面临成本上涨的压力；但另一方面，人员效率的低下一直也令企业忧心。若人员效率的改善速度追不上工资等成本的上涨速度，企业利润空间会越来越小，最终走向衰亡。

员工的工作效率确实关系到企业成败，那什么是工作效率呢？工作效率（work efficiency），一般是指工作的投入与产出之比。产出大于投入，就是正效率；产出小于投入，就是负效率。企业在当前经济环境下，提升工作效率的意义在于：

1. 提高工作效率之后，让企业具有更大的竞争优势；

2. 提高工作效率之后，可以克服机构臃肿，人浮于事，浪费时间的现象；

3. 提高工作效率之后，就有可能缩短工作时间，从而有更多的时间让员工自由支配，以此提升员工的生活品质；

4. 提高工作效率之后，可以增加企业和员工二者共同的利益，既有利于单位的劳动生产率和经济效益的提高，增强企业活力；也有利于员工实现多劳多得，增加收入，提升生活品质。

所以，企业必须多层次、多角度思考；也必须上下出力，全方位配合，提升工作效率主要涉及三方面：

第一，企业层面：应彻底改变科层管理的弊端，优化流程，打造卓越管理体系，消除组织运行的各种障碍，如此，才能保证工作效率的持续提高和稳定增长；

第二，管理者层面：管理方法直接影响下属及本人工作效率，应强化对管理者职业化管理能力提升方面的专业训练，让管理者首先成长为能真正带领团队做事的职业化管理者，并能形成有效的管理方法以全面提升管理效率；

第三，员工方面：员工的工作效率也直接影响了企业的整体效率，如何提高员工的工作效率，按儒家思想即要先"正身"：导之以德，齐之以礼，然后达到"不令而行"。解决员工工作效率问题，首先，一定得要先解决员工的价值观问题，让员工有积极主动作为的意识；其次，一定要加强对人员的培训，让大家有科学的方法将工作做好；最后，务必要让员工管理好自己的时间，时间是工作效率的灵魂，珍惜时间，利用好时间，才能提高效率；那些效率低下者，大都是做事拖拉、缺乏时间观念的人。

在全球著名管理咨询机构麦肯锡内部，提倡的简洁工作法，能为我们有效管理时间提供有益参考。其精华在于下述的六个方面：

1. 搞清楚工作目标和要求，避免重复作业；

2. 懂得拒绝别人，不让额外的要求扰乱自己的工作进度；

3. 主动提醒上司排定优先顺序；

4. 有效地过滤邮件，让自己的注意力集中在最重要的信息上；邮件内容尽量精简，节省写信的时间并增加对方响应的机会，每封邮件的内容限制在8~10句范围内，超过20个字就应该换行，超过3行必须空行；

5. 当没有沟通的可能时，不要浪费时间想要改变；

6. 只要取得信任，不需要反复地沟通，同样可争取到你要的资源。

时间重于金钱，效率决定成败。效率高低不仅体现了一家企业的管理水平，员工素质高低，更决定了一家企业有怎样的未来。所以，在当前经济环境下，提升企业运行效率，刻不容缓！

管理语录：

中国企业不是不能做大做强,而是中国企业只要做大做强,成本就很可能失控,而造成企业后续经营困境。所以,中国企业如要做大做强,可能只会造成悲剧!

——郎咸平

食品安全不是考出来的，而是管出来的

> 无论是食品安全，还是企业发展，考核是必须的，但要将这项工作置于绩效管理的运作链中，让它形成一个完整的管控体系，否则，绩效考核将徒劳无益！

国务院近日出台《关于加强食品安全工作的决定》，首次明确将食品安全纳入地方政府年度绩效考核内容，并将考核结果作为地方领导班子和领导干部综合考核评价的重要内容。《决定》规定对于发生重大食品安全事故的地方，在文明城市、卫生城市等评优创建活动中实行一票否决，同时要求进一步明确食品安全责任追究的具体规定，确保责任追究到位。

《决定》将食品安全纳入考核体系中，这于地方官员而言，无异一道紧箍咒，其意义指向就是将监管触角向纵深处掘进，补全治理的缺漏。"食品安全挂钩政绩"是对考评漏洞的完善，也增强了对官员的约束。当食品安全不再处于"职责盲区"，政策执行也就少了责任回旋的余地。

《决定》将食品安全纳入地方政府年度绩效考核的初衷无疑是好的，也应该提倡。但是不是如此一来，食品安全的漏洞就堵上了，民众将会吃得更放心了？答案是否定的。若有事后的考核问责就能将问题消灭掉，那很多事情显然好办多了。比如屡次问责屡次再犯的矿难事件，不是很能说明问题吗？每次矿难事故，相关部门乃至中央的处罚不可谓不严厉，但从此就杜绝了矿难事故吗？

所以，仅仅靠考核解决不了食品安全问题，而是要化考为管，从管理的角度而非仅靠考核的手段去解决食品安全问题。

首先，要树立管理的意识和思维。真正好的管理在于能将问题消灭在萌芽状态，而不是等问题出现之后的严厉问责。试想，因为食品安全都出人命了，你再免去若干人的乌纱帽，能挽回那些逝去的生命吗？问题出现之后的问责，等于"秋后算总账"，是传统绩效考核的做法，没有赢家。

其次，要引进绩效管理机制，而非绩效考核，要做到并做好四个方面：

一、明确责任与目标。 这一点，《决定》里面已有很清晰的规定："对于发生重大食品安全事故的地方，在文明城市、卫生城市等评优创建活动中实行一票否决，同时要求进一步明确食品安全责任追究的具体规定，确保责任追究到位。"只是像类似于界定什么叫"重大食品安全事故"等方面要作明确细化而已。

二、强化过程监管。 无论事后的追究再怎么严厉，但是监管者如果在平时监管不作为，抑或是选择性作为，食品安全的重拳就可能如击棉花般被卸了力道，最终演变成"警察抓小偷"的游戏。我管辖的地盘未出安全事故，这是我的侥幸，若是出了安全事故，就像警察终于抓住了小偷，这个小偷便自认倒霉。出了问题问责的是个别官员，最终苦了的还是民众百姓。

三、问题的分析和整改。客观讲，以少数的几个监管部门去监管为数众多的企业，精力难免腾不过来，所以，食品安全仅靠监管是不够的，核心在于企业和企业家的道德观，但这不能成为监管不作为的理由。正确的做法是，一旦发现辖区内食品安全问题，无论大事、小事，不能一罚了之，而是要进行客观的分析：为什么？如何改？唯有如此循环往复、持续作为，食品安全才能慢慢有起色。

四、考核激励。强化考核，并将考核结果与评优创建、官员问责等挂起钩来，是必须的。只有念好了"严"字诀，才能强化监管者的执行力。在一定意义上说，堵住一些监管者身上的漏洞，也就堵住了食品安全的漏洞。

总之，食品安全是管出来的，而非考出来的。从国务院出台的这个《决定》，并延伸对此《决定》执行方面的思考，实际上也给企业绩效考核工作一些深层思考。若企业还停留在传统考核的思维并按此执行，等到问题出现了再去扣分，等到有工作结果之后，才去作奖罚方面的工作，对企业的发展到底有何驱动价值呢？

无论是食品安全，还是企业发展，考核是必须的，但要将这项工作置于绩效管理的运作链中，让它形成一个完整的管控体系，否则，绩效考核将徒劳无益！不做也罢！

从国羽被取消参赛资格看企业制度执行

制度无论好与坏，规则无论是否有漏洞，正确的态度是先执行，后批判，再改善！而不是先找漏洞，再放弃一边。唯有如此，法制精神才能逐步养成，最终强了企业和国家在全球的竞争力。

奥运刚落幕，史无前例包揽五金的中国羽毛球队，2012年8月21日晚在东莞"王者满冠归来"的主题庆功晚会上，因现场收获3030万奖金和礼物，再次引发网民和媒体的口水战。联想到此前于洋和王晓理在奥运赛场上的消极比赛事件，网友们对此表达了强烈的不满。

回想伦敦奥运赛场，羽毛球赛由于另一对中国选手田卿/赵云蕾在另一个小组赛中意外输了一场，导致排名位属小组第二，如果于洋/王晓理当晚战胜韩国选手获得小组第一，那么，半决赛时，两对中国选手势必提前遭遇。为了避免与队友"火拼"，于洋/王晓理选择了在最后一场小组赛上故意输给韩国对手。

世界羽联马上采取措施，以她们违反运动员条款4.5条和第4.16条——"没有尽全力去赢得比赛"和"因个人行为侮辱和损害该项目"为由，取消其参赛资格。

一场风波由此而起，网民们群起而论，观点有二：

观点一：合理利用规则无可非议。这场风波之后，媒体发起的一项调查显示，70%以上的投票者认为故意输球是一种"战术手段"，无可非议。很多人引用"田忌赛马"典故：用田忌的下马对齐王的上马，用田忌的上马对齐王的中马，用田忌的中马对齐王的下马，最终战胜齐王。体育竞技历来都讲有勇有谋，审时度势。在不违反规则的情况下，尽量避开强硬对手的战略战术，在许多体育赛事上都出现过，司空见惯。

观点二：任何规则都有漏洞，不能侮辱体育精神。"合理利用规则"从字面上并没有错，但其前提是遵守奥林匹克精神、体育道德和人们的认知底线。开幕式上运动员许下的奥运誓言是："为着体育的光荣和本队的荣誉，我们将以高尚的体育精神参加各项比赛。"任何一个规则都不可能十全十美，把规则里的漏洞利用到尽，规则就变成了任人摆布的玩具，奥林匹克的殿堂必将轰然倒塌。

奥运赛场也许太远，我们不妨说说企业的事：

一是制度执行。无论大小企业，均有制度，但制度虽多，在很多企业竟然形同虚设，制度归制度，执行是执行，制度犹如空文。制度不遵守的理由也是我们司空见惯的托辞："制度不合理"、"制度不具操作性"、"制度不符合我们的现状"……总之，制度出来，先抓漏洞，批个千疮百孔之后，把制度弃之一边。制度不是用来执行的，而是拿来批判的，试想，这样，企业如何执行制度，没有制度的执行，企业如何走向法制，没有法制，企业何来永续经营的基础？

二是商业精神。企业需要赚钱，本无可厚非，但为了赚钱这个目的，企业无视《食品安全法》，钻监管不力的漏洞，有规不遵，有章不循，有法不依，胡作非为，坏了良心，连最基本的商业精神都不遵守，这是让人不齿的闹剧，如此，泱泱中华何时才能走向全球？

所以，看起来，骨子里面，我们这个国度的很多人是"反秩序"的。制度无论好与坏，规则无论是否有漏洞，正确的态度是先执行，后批判，再改善！而不是先找漏洞，再放弃一边。唯有如此，法治精神才能逐步养成，最终强了企业和国家在全球的竞争力。

因为规则的漏洞而无视规则，践踏基本的体育精神，国羽让球真不应该！

同样是让球，同样是消极比赛，国羽回国后，依然高调庆功，而在韩国，却重罚"消极比赛"，运动员被禁赛半年，教练员禁教四年。再联想到韩国近几年的经济发展，崛起一批世界级企业，两厢对比，我们或许可以悟到些什么。

管理语录：

在我看来有三种人，生意人：创造钱。商人：有所为，有所不为。企业家：为社会承担责任。企业家应该为社会创造环境。企业家必须要有创新的精神。

——马云

要在中国做好企业，你必须学会调和。既要学习先进的管理方法，又要学会在中国的环境中做事情。

——李东生

日本地震引发的管理思考

> 职业的管理不是等出了问题之后的批评,更不是出了问题之后的推诿和扯皮,而是能准确地在事前防范问题的出现,将问题消灭在萌芽状态。

2011年3月份的日本9.0级大地震,是日本有地震观测以来的最强震,而后接踵而至的大海啸给该国带来重创,首相菅直人称,日本正在经历二战后最可怕的危机。

尽管如此,我们看到,在震区的摩天大楼经受住了摇晃,数百万遭到海啸地震侵袭的城市居民井然有序地撤离办公室和住宅,前往高地或其他安全地带,未发生大面积交通和能源瘫痪,也没有恐慌。截止3月底,最新公布的死亡人数是10035人,另有17443人失踪。

与此相反的是,如果类似灾害发生在其他任何国家和地区,伤亡人数恐怕均要大于日本。2010年1月震级低得多的海地地震造成22万人死亡；2004年12月的东南亚海啸致使23万人丧生；2005年的巴基斯坦地震和2008年的我国汶川地震，死亡人数分别为7.6万和8.7万。

比其他国家伤亡少的原因，中外媒体也作了总结，如日本的民族特点、自律和团结精神、集体主义、地理环境所滋生的忧患意识、不断完善的建筑和交通设施等，包括在每年的9月1日"关东日"（1923年这一天发生的关东大地震令日本14.3万人丧生），演练在紧急情况下如何行动，并在频繁的局部地震中不断增进逃生技巧。

如果在地震后最终的伤亡体现的是"果"，那么媒体所总结的前述部分，就是"因"。如果没有平时对人的素养教育、地震逃生演练等"因"的投入，何来大地震之后伤亡人数如此之低的"果"呢？

这个"因"的投入，在管理学中，便是过程管理。

由此想到我们企业界很流行的一句话"我只问结果，不看过程。"言下之意便是"你只要完成我部署给你的任务，至于你怎么完成，我不管，也不必要管。"

在这种观念的诱导下，我们的企业会陷入怎样的一种组织乱象呢？

如企业给采购部门下达季度指标，确定原材料合格率应达到97%。目标下达完之后，管理部门和执行部门该干什么就分头干什么去了。等到季度对采购部进行综合评估时，发现合格率仅为90%，总经理当然要批评一番采购经理了："怎么回事？"采购经理两手一摊"不怪我啊，我已经很尽力了，是我们供应商水平很低，但我们短期内没法更换供应商啊。"然后又是一大堆的理由，总经理听罢，皱皱眉头："嗯，有理。"这事就过了。再然后，等下季度评估时，又是一番责难，又是一阵推诿。而其他部门呢，几乎也上演和采购部一样的故事。最后，总经理很是无奈："怪！我企业执行力怎么如此之低？该怎么提升？"

我相信，类似于这种现象的企业，不是个别，而是一批。所以，为什么很多企业，办着办着就没了；为什么很多企业几十年下来却还是小公司，发展壮大不了……实在是长期轻视过程管理而导致企业问题丛生的结果啊，没有过程管理，那是谈不上执行力的，没有执行力，企业谈何壮大发展？

正确的做法是，当下达给采购部季度采购合格率指标时，同时就得分析影响采购合格率这个"果"的若干"因"。在平时，如每月、每周甚至每日，就得责成相关部门和人员要关注这些"因"，做好"因"的工作。唯有对此进行了过程管控，"果"的实现才能水到渠成。

所以，职业的管理不是等出了问题之后的批评，更不是出了问题之后的推诿和扯皮，而是能准确地在事前防范问题的出现，将问题消灭在萌芽状态。

诚如日本，正是因为想让地震来之后的伤亡降到最小，才有平时的诸多演练等过程投入，而也是这种将问题控制在事前的过程管控，才让日本在这次不幸之中增添了很多的大幸。

由食品安全谈企业制度监管

只有规范制度的企业,才会有职业化行为的产生,只有职业化的行为,我们才能得到卓越的工作结果,而这点注定了企业能否走向可持续。制度是如此重要,那么我们就要想方设法保证制度制定之后能得以执行,得以执行的根本又在于有效的监管。

国内的食品安全问题近几年层出不穷,在染色馒头之后最近又盛传"牛肉膏"事件,不论鸡肉或猪肉,涂上"牛肉膏"之后再加以简单处理,不论色香味都与牛肉相近,许多不肖业者借此牟利。这种带有浓郁牛肉香味的"牛肉膏",是化学物质合成的,对人体极其有害。

而据西方媒体报道,中国已是世界上人造有毒食品最发达的国家,食品安全已无任何防线,有毒食品充斥市场。中国人的餐桌简直就像化工原料堆积场，米用石蜡加工，油是地沟油，猪是瘦肉精，虾蟹有激素，米粉放吊白块，酒中有工业酒精，蔬菜有农药残留，腐乳有工业原料，木耳用硫磺熏制，腌熏食物用防腐剂，鸡蛋有人造蛋……化工原料在食品中频频使用，国人的肚子愈来愈像一座化工厂。

按理说，这些东西不应泛滥无穷啊，因为这是违法的，严重违反了《中华人民共和国食品安全法》。

为什么就有法不依了呢？

商人是以逐利为目的的一个群体，只要有利可图，也必将衍生一批在利益驱动下，什么都敢干的无良商人，诚如马克思所说："当利润超过100%的时候，资本家愿意冒砍头的风险。"所以对这些人，仅仅呼吁商业道德那是极为苍白的，一定要强化监管，而食品安全的泛滥，恰恰说明背后监管的缺失。

回过头来看看由全国人大第七次会议2009年2月28日通过，2009年6月1日起施行的《中华人民共和国食品安全法》，立法过程不可谓不严谨，涵盖十章内容的法律条款不可谓不全面细致，法本身无懈可击，问题就出在执行上——法可以不要依的！

除了"食品安全法"之外，还有多少类似的法律法规也是一样的处境呢？这是一种很有意思的社会现象，因为监管缺位所导致的有法不依社会乱象，而在企业，这种现象更是层出不穷。

最近拜访两家企业，一家企业是民企，一家企业是国企，尽管企业性质不一样，但两家企业的总经理都在揪心执行力低下的问题，问我事出何因？我自然就先联想到是否制度不全、流程不规范、该有的东西没有等这些层面，但他们说都有啊，而且相关制度订得还挺细的，那究竟为什么呢？在离开那家民企的时候，一部门经理看总经理离去了，偷偷跟我说："其实根源就在总经理身上。"我问何故？他说："总经理在制定制度的过程中，很重视也抓得很细致，但制度推行之后，总经理自己都会忘记制度所规定的执行细节，想起来了就按制度执行，想不起来，又把制度的规定撇在一边了。总经理如此，底下肯定也在仿效啊。最后是有制度等于无制度。"

对当下国内很多企业而言，困难的不是制度制定，而是制度的可持续执行和改善。若制度制定出来后，大家逐渐忘记而不去规范执行，尤其是在不执行的时候，也监管不到位，即便监管到位了，也无问责机制。就好比说现在的食品安全，大家都发现《食品安全法》没被遵守，但没被遵守又能怎么样呢？久而久之，制度就形同虚设了，而一堆形同虚设的制度比没有制度更可怕！

台塑的王永庆，在生前一直倡导企业制度的重要性，其著名论断是："在企业，制度第一，老板第二！"只有规范制度的企业，才会有职业化行为的产生，只有职业化的行为，才能得到卓越的工作结果，而这点注定了企业能否走向可持续。制度是如此重要，那么我们就要想方设法保证制度制定之后能得以执行，得以执行的根本又在于有效的监管。

所以，企业不光要能制定规范的制度，更要有制度推行后的监管机制，以确保制度得以持续执行后的卓越工作表现。

管理语录：

品牌不是自己封的,一定要有实实在在的产品,满足到各个阶层的人,有口碑、认可了,他会给你这个品牌赋予很多内涵,自然会认可。

——马化腾

"达芬奇"造假再显过程管控的重要

在今天的商业环境中,要想取得成功,企业必须拥有一种全新的领导理念,这种理念的精髓在于:能否创造、激发并维系一个整合型的执行系统,在充分综合了解自己的企业、人员和运营环境之后,建立一种执行文化。

高端家具零售商达芬奇家具公司,2011年7月,被央视一套揭露其将国内生产的家具当作从意大利进口家具进行销售,引发了商界中的又一则丑闻。

达芬奇造假丑闻暴露后,相关媒体紧追这起事件,并查询国家工商总局、国家质检总局、北京市和上海市质监局、工商局等官方网站后发现,虽然国家质检总局在2009年及去年,曾对木制家具产品进行过国家监督抽查；上海质检部门也在去年对家具进行过抽检，但是网上竟查不到有关部门对达芬奇家具抽检的任何信息。这意味着，达芬奇家具自1998年"进入"中国后的13年期间，一直没有被执法部门进行抽检。

据媒体报道，一位工商系统的监管人士说："目前在流通领域抽检的多是涉及面更广的大众商品，价格过于昂贵的进口产品，往往很少抽检。"中国消费者协会律师团团长邱宝昌也指出，以前未曾发现的达芬奇家具产地及质量问题，先后被曝光，显露出洋品牌家具在入境、生产、销售几个环节都面临监管缺失。他表示，如果海关、质检和工商部门仔细检查、提高警惕，达芬奇事件完全是可以避免的。

那么，达芬奇造假的这一商界丑闻，对企业运营又有什么启示呢？

在今天的商业环境中，要想取得成功，企业必须拥有一种全新的领导理念，这种理念的精髓在于：能否创造、激发并维系一个整合型的执行系统，在充分综合了解自己的企业、人员和运营环境之后，建立一种执行文化。为什么？就企业发展而言，任何一个优秀的企业，其成效的取得，均不是建立在凭空的臆想，而在于踏实的执行，将远景一步步变为实际。

而对于执行的问题，如果从运营方面来看，至少要系统着眼于三个方面：第一，执行什么，即战略规划；第二，如何执行，即过程管控；第三，执行效度，即事后检审。三者缺一不可，否则不可能有高效的执行。

上述三个方面，企业近几年通过自身的实践，取得比较大成效的主要集中在两点：一是战略规划，无论是大企业还是小公司，几乎都有对企业发展远景的考量，要说有差别，规范的战略规划有清晰的文字描述，而不规范的或仅仅存于决策者脑中而已。二是做到了事后检审,这点,从大大小小的企业均重视并在实践绩效考核就可以看出。尽管在这两方面有了大的成效,但执行低下的问题一直是企业近几年不容回避的一个事实,问题的根源就在于大部分的企业忽略了如何执行,即过程管控。

我们不妨继续看达芬奇案例:国家质检总局去年9月开始实施《进出口家具检验规程》,规程对进口家具的外观、尺寸等一般质量要求,有毒有害物质限量、防火阻燃性能、机械安全性能等均提出了检验要求,这好比解决了执行什么的问题;今年7月份,发现了达芬奇问题,这好比是事后检审问题,尽管这不是有关部门的主动作为,而是靠媒体的发力。虽然揭露了又一宗商业丑闻,但对达芬奇消费者还是造成了伤害。为什么《进出口家具检验规程》对达芬奇而言形同虚设?归根结底就是过程管控出了问题,从而影响了有效的执行。

这就好比一个总经理交给办公室主任一个任务:本月31日要完成年度公司总结报告,主任将任务转交给秘书。30日,主任检查秘书工作,发现秘书提交报告存在严重偏差,大急之下严批秘书工作失误,并连夜通宵加班进行纠偏,奈何时间匆忙,最终结果可想而知!若主任稍微有点过程管控的意识,并及早在过程当中进行了纠偏,何至于事后如此狼狈?

缺失了过程管控,哪来企业整合型的执行系统?

对于一个企业来说,建立执行系统本身就是一个巨大的改进机遇,错过这一机遇将是对公司能量、人员和资源的一种巨大浪费,从而引发企业灾难性的后果。

管理语录：

"管理三要素"，即"建班子"、"定战略"和"带队伍"。

回顾中国所有优秀企业的成长史，没有哪一个不是善于因时顺势，同时又自强不息的结果。

——柳传志

甬温线事故与人力资源管理救赎

人力资源部门自身存在的价值要得以真正的体现，我认为，是企业的人力资源管理真正实现了"无边界管理"，所谓"无边界管理"，就是企业总经理、部门经理乃至广大员工，大家均把人力资源管理当成是份内工作，并在日常工作中加以专业实施。

2011年7月23日20时27分，北京至福州的D301次列车行驶至温州市双屿路段时，与杭州开往福州的D3115次列车追尾，导致D301次1、2、3车厢侧翻，从高架桥上掉落，毁坏严重，4车厢悬挂桥上，D3115次15、16车厢损毁严重。截至7月29日，事故已造成40人死亡，200多人受伤。

7月28日，在温州召开的国务院"7·23"甬温线特别重大铁路交通事故全体会议上，上海铁路局局长安路生表示，根据初步掌握的情况分析,"7·23"动车事故是由于温州南站信号设备在设计上存在严重缺陷,遭雷击发生故障后,导致本应显示为红灯的区间信号错误显示为绿灯。在雷击造成温州南站信号设备故障后,电务值班人员没有意识到信号可能错误显示,安全意识敏感性不强;温州南站值班人员对新设备关键部位性能不了解,没能及时有效发现和处置设备问题,暴露出铁路部门对职工的教育培训不到位。安路生还说,事故反映出现场作业控制不力,温州南站电务值班人员未按有关规定进行故障处理,没能有效防止事故的发生;事故反映出的设备质量、人员素质、现场控制等问题,说明铁路部门的安全基础还比较薄弱,这些问题反映出铁路部门的安全管理不到位。

8月4日,国家安监总局总工程师、新闻发言人黄毅明确表示,事故绝不是一场天灾,而是特别重大的铁路交通运输事故,是典型的"人祸"。

这起事故再次说明,人力资源管理对任何一家单位的绝对重要性。

仔细分析,甬温线高铁事故与人力资源管理有着直接关联:"值班人员安全意识敏感性不强",说明招聘系统有缺陷;"值班人员未按有关规定进行故障处理",有规定不执行,反应问责机制即绩效考核的缺位;"值班人员对新设备关键部位性能不了解",暴露了新技术、新设备上马之前的培训跟进问题。从这些我们可以看出,铁路部门的人力资源管理能力若稍稍再专业一点,这次事故或许真能避免!

进入21世纪,企业竞争格局越来越呈现出从产品市场、资本市场向人才市场转变的趋势,"得人才者得天下"已成为企业界的共识。但是,意识的提高并不意味着人力资源管理在实践中得到应有的重视。

典型的现状是:企业的人力资源部门还在为争取自己在核心管理

团队中的话语权而奋斗，在现实中没有充分展示自身的存在价值。

人力资源部门自身存在的价值要得以真正的体现，我认为，是企业的人力资源管理真正实现了"无边界管理"，所谓"无边界管理"，就是企业总经理、部门经理乃至广大员工，大家均把人力资源管理当成是份内工作，并在日常工作中加以专业实施。这一天的到来，也是企业真正重视人力资源管理，并且卓有成效的时候。

这就要求，企业人力资源管理部门不仅自身要表现出卓越的专业水准，同时也要善于营销，让非人力资源管理部门的人员也得提高人力资源管理的理念认知和专业技能。大家共同着力，而非人力资源部门的单打独斗，才能焕发人力资源管理的活力，创造人力资源管理的价值。

校车新标准"美国化"与目标管理

> 光有制度和标准不能解决卓越绩效问题,还要有具备胜任素质能够完成目标任务的岗位任职人,并且有能让任职人积极主动开展工作的以绩效为导向的工作环境。

2011年11月中旬,甘肃省一辆超载校车与一辆货车正面相撞,造成19名幼儿园学童和两名成年人死亡。事故发生后,社会公众强烈要求提高校车的安全性。

作为回应,工信部12月底对外公布了校车安全技术标准草案,公开征求社会意见。

标准草案规定:中国校车应当遵循美国模式,呈现"长鼻子"外形,也就是说一半以上的发动机长度应当位于前风窗玻璃最前点以前,此外,保险杠厚度必须至少达到5毫米,校车时速必须限定在60公里以下,还要接受严格的测试,以检验其在侧翻情况下的安全性等一系列标准。

校车新标准"美国化",引起国内汽车厂商的激烈辩论,绝大多数厂商表示,校车新标准将导致生产成本增加两到三成,有些厂家还声称自己根本无法生产出如此高标准的车辆。

的确,制定校车新国标,从各方面标准来规范校车,其最终目的在于尽量减少学生在上下学途中死亡或者受伤的可能性,高标准固然很好,但现实可操作性才是更为迫切而真实的需求。所以,这场争论普遍比较认可的一点是:作为一项社会工程,应设定的是一个全国最低安全水平的要求规范,而不是最高要求。通过建立一种全国性的学生安全运输制度,为各地实施学生安全运输工作提供框架和指南,并鼓励各地结合当地实际提供高于国家规范与新标准的学生安全运输服务,才能让学生享受到新国标带来的改变。

由此也联想到年底或年初,众企业在目标管理和绩效管理中的标准制定,往往这项工作会成为企业的一个矛盾焦点。经营层设定若干业绩目标,结果管理层和执行层认为标准太高而无法实施,旋即产生争论。经营层坚持,管理层和执行层被动而消极地接受,最终的结果是标准要求很高,执行的成效却很低。所以标准的制定一定要切合企业的实际,让大家觉得"通过努力是可以实现的",而非"即便再怎么样也是实现不了的"。目标制定得高于期望标准,往往会沦为"水中花,镜中月",而成为一纸空文。

但一味的低标准,无法将一家企业打造成真正富有竞争力的企业。如何正视高标准和现实的差异,既引导高标准的逐步实现,又不至于打击大家执行的积极性呢?目标值的界定,宜设置为弹性区间,即设定为基础目标值、良好目标值和卓越目标值。基础目标值是依据现实条件一定要实现的,实现不了则要扣罚相关利益;若通过不断努力,达到了良好目标值和卓越目标值,企业则应视情况做出相应奖励。

不过,是不是标准制定合理了,大家都愿意接受了,目标的实现就变成可能了呢?

假设新校车国标中美国式的"装甲车"能被广泛制造,政府也投入大量资金让学校买得起,校车问题就不存在了吗?11月中旬的甘肃校车事件,据警方调查分析,事故原因主要有五方面:校车驾驶人员安全意识淡薄,严重违规超载,左道超速逆行;幼儿园私自改装车辆逃避监管;幼儿园董事长安全责任意识不强,没有尽到第一责任人的责任;因大雾天气影响,货车和校车司机遇紧急情况处置不力;教育、交通部门监管不力。五个原因中有四个是人为因素所致。

所以,校车安全光有标准是不够的,司机要有能力开好车,对中小学生这一弱势群体有无至高无上的安全保护意识,否则,再多的装甲车也保障不了学生安全。

企业的目标或绩效管理也如此。光有制度和标准不能解决卓越绩效问题,还要有具备胜任素质能够完成目标任务的岗位任职人,并且有能让任职人积极主动开展工作的以绩效为导向的工作环境。

所以,企业的目标或绩效管理,并不是一份制度,而是相互作用的一种体系。唯有体系的整体打造,才能实现卓越绩效。

管理语录：

　　人很大的兴趣就是感觉一步一步地往自己设定的目标方向去努力！

　　妥协也好，坚持也好，目的性一定要清楚，目的性清楚了，我相信就会把握得好这个度。妥协不是目的，妥协是为了达到预定目的的一个手段。我只怕大家为了达到预定的目的，不懂这个手段，那就会出事。这两个一定要刚柔并济，把握者本身还要有很高的政治智慧。

——柳传志

GONGSI DE LILIANG

第二辑

公司的力量在于人才

变革时代，呼唤高适应性人才

因而，如何有效地、快速地更新或提升现有人才团队的领导能力、专业技能和通用能力，进而提升人力资本应对各种复杂经营环境的应变能力，成为每个有企图、有理想的中国企业必须面对的重大课题。

最近，在一场有70多位世界500强企业高管，国际组织高级官员及国际知名学者参加的中国发展高层论坛上，大家围绕中国宏观经济和结构调整展开了深入讨论，其核心观点认为中国已经进入了艰难转型期，即由依靠劳动力和资本投入实现的"粗放式增长"，走向依靠技能和科技的提高实现的"集约型增长"，并且一致认为，中国劳动力资源优势在弱化，人口红利在减少。转型和升级，提上了每一个中国企业家的案头。

可转型和升级非一日之功，要成功地转型和升级，除了外靠市场和转型战略，还需要内部高适应性人才的有力推动，尤其是后者。人才团队的适应性和敏捷性，可以说决定着企业转型与升级的成效。

IBM在2008年曾经发表过一篇《中国企业人力资本管理的新纪元》的报告。在这篇报告中指出，非常适应变化的中国企业几乎为零，远低于全球平均14%的标准。可以设想，如果这种状况持续下去，中国企业无论是在国内市场面对国际竞争对手，还是在国际市场参与全球竞争，都将面临极大风险。导致这一切的，显然是高适应性人才的匮乏，报告显示：只有14%的企业相信员工有相当的能力适应变化。因而，如何有效地、快速地更新或提升现有人才团队的领导能力、专业技能和通用能力，进而提升人力资本应对各种复杂经营环境的应变能力，成为每个有企图、有理想的中国企业必须面对的重大课题。

那么，什么是高适应性人才团队呢？高适应性人才团队必须具备以下三个方面的特征：第一，要有能够有效的预测未来的技能。第二，要有在企业内部配置与整合资源的能力。第三，能进行有效的团队协作。

如何打造高适应性人才团队？可以从四个方面着手：

一、制定适应变革的人力资本战略。 制定能够与企业发展战略和业务战略相匹配的人力资本战略。人力资本的管理者需根据不同战略发展阶段的需求，确定适应性团队的组建规则，特别是对战略发展起到关键影响的特定能力的需求、发现、识别和保留。

二、围绕未来发展所需技能的招募、发展和保留。 构建一套能够预测满足未来业务发展战略所需技能的流程化办法，以此为基础构建一个能够招募、培养并保留有价值人才团队的管理模式，并在日常工作中加以实践应用。

三、寻找与整合内部符合预期技能的专家人才。根据对未来所需技能的预测，制定一个专业的技能管理流程，使组织能够轻松跟踪具备重要能力和资质的人才，同时，还需要强化内部人力资源管理工作的建设，它可以更轻松地发掘出组织内部的"隐藏"人才。

四、基于业绩输出的团队协作。通过合理化资源配置、针对性的绩效管理和各种团队协作机制，确保高适应性的团队协作，保证在高效的团队协作中磨砺高适应性人才团队。

"物竞天择，适者生存"，人才是企业发展的根本，企业要想具备高适应性以适应变革时代，就必须拥有高适应人才团队，只有在高适应性人才团队的推动下，企业才有可能在市场竞争中赢得先机，在不可预知的变化中获得发展的机会。

未来，与其说是企业的竞争，不如说是高适应性人才团队的竞争。

> **管理语录：**
>
> 我一直信奉以下做事的三原则：有勇气改变可以改变的事情，有度量接受不可改变的事情，有智慧分辨两者的不同。
>
> ——李开复

第二辑　公司的力量在于人才

人才危机

> 门外的人进不来，进来的人留不住，留下的人不安心，这样的人才危机导致企业长期忙于招人，疲于留人，急于用人，却懒于育人。我国企业本就生存不易，再加上人才危机，已很大程度上威胁着企业的生存与发展，进而影响中国经济的可持续发展。

时至今日，中国已开始逐渐丧失劳动力成本优势，廉价劳动力的派对到了曲终人散的时候，这恐怕是许多企业家始料未及的，而中国经济的增长引擎，公认的事实是必须完成从硬资产（如规模、资金、设备、品牌和商业模式等）到人才资产的转变，否则在全球产业链的下游，将逐步由人口红利依然旺盛的印度等国接盘，中国经济将难逃衰败的命运，在抢占全球制高点的经济转型中，人才储备必将是重中之重。

不过，据中欧商学院2月21日发布的2013年中国商业报告指出，当前，中国企业面临的最大挑战在于——"找到并留住人才"。

当中国经济的升级与转型强烈地感知必须进行人才储备的时候，大量的中国企业却在面临人才危机，这的确是一个尴尬的现实。

门外的人进不来，进来的人留不住，留下的人不安心，这样的人才危机导致企业长期忙于招人，疲于留人，急于用人，却懒于育人。我国企业本就生存不易，再加上人才危机，已很大程度上威胁着企业的生存与发展，进而影响中国经济的可持续发展。

人才危机在于两种类型：一类是企业处在快速发展期，短期内迅速膨胀，出现人才储备不足，形成危机；另一类是企业虽然认识到人才的重要性，却没有相应的措施挽留人才，致使掌握企业关键信息和技能的人才大量流失，导致企业人才危机。其成因在于三个方面：

一、外界环境的影响

随着改革开放的深入，市场经济体制的完善，改变了人们过去的从业观念，客观上为人才流动提供了宽松的环境，促进了人才的流动。受功利价值观念的影响，现在人们选择职业和流动方向的主要标准是个人利益，利益追求尤其是对物质利益的过分追求，影响了择业和稳定就业。

二、组织内部因素的制约

宏碁集团创办人施振荣说："不怕没有人才，只怕没有舞台"。导致企业招不进人、留不住人，相当原因在于企业内部的管理机制，其中管理者素质不高，员工激励机制不健全，未能建立有效的评估体系，缺乏合理的薪酬结构，未能建立针对核心员工的长期职业发展规划和企业文化氛围是存在的主要问题。

三、个人的状态

相当一部分人，缺乏系统的职业规划，导致盲目择业，而在一家企业工作，更多的目的在于获得工作经验和学习相关技术，一旦目的达到，他们就会选择待遇更高、发展空间更大的企业，缺乏理智、冷静和长期坚守的信念。

那么，企业如何破解人才危机呢？

一、要树立人才危机意识：预防危机最有效的办法就是强化危机意识，并且把它作为一种战略纳入企业的发展规划中，从而有效地帮助企业在遇到危机时，能迅速做出反应，从容面对危机。

二、要将商业模式、业务计划、人才战略系统整合：大部分的企业远远没有达到对人才召之即来挥之即去的地步，必须棋先一着保证企业经营的每一步拓展都有人才跟进，必须保证人才的成长价值、情感价值、认同价值、经济价值和企业价值之间形成良好的互动促进关系，营造和谐融洽的人际关系环境。

三、建立人才危机预警管理系统：关键是在认真分析员工离职原因的基础上确定相应的预警指标，如工作满意度、工作压力感、员工对公司的认同感等。预警系统建立后，实现对这些指标的日常监控，一旦它们偏离正常安全范围，系统立即发出预警信号，随后危机管理小组马上展开分析并整改，从而为有效预防人才危机赢得主动。

企业的发展一定要凝聚一批能与之共命运的人才，已经谙熟目前社会或行业人才危机的企业家，应图谋摆脱人才危机的滋扰，为企业发展培育出优良的人才生态环境，如此，才能在激烈的竞争中脱颖而出。企业兴，中国经济才兴！

管理语录：

所谓人才，就是你交给他一件事情，他做成了；你再交给他一件事情，他又做成了。

——史玉柱

如果有一个项目，首先要考虑有没有人来做。如果没有人做，就要放弃，这是一个必要条件。

——柳传志

共　赢

　　　共赢策略的核心在于企业和员工之间的战略伙伴和联盟关系。这种关系的建立需要企业倾听各方的意见，营造一种相互尊敬、相互信任的气氛，企业和员工共享竞争优势和长期利益，发展成功的协同关系，取得对共同利益的一致理解和共识。

　　世界从来没有像现在这样，看起来如此之小；市场竞争也从来没有像现在这样，如此的激烈；而变革的速度之快，竞争的压力之大，也是前所未有的。

　　面对着这样的一个新经济时代，企业要想在竞争中谋求发展，诸多因素要加以理性的综合考虑，但毫无疑问，企业内部有职业化精神的工作团队，将是企业致胜的法宝之一。如果企业没能建立一支有竞争力的团队，企业的竞争力是无从体现的。毕竟处于竞争优势中心地位的，就是那些技艺熟练、具有敬业精神、从事技术创新和管理创新的人。正如澳大利亚商业部在他们的《管理创新企业》一书中所描述的："领先企业的持久创新性和企业与员工关系的质量有很大关系，而技术驱动力并没有像公众所想的那样那么有影响力。塑造有竞争力的创新性企业，需要企业各个层次员工做出持久努力，这个任务与高质量管理、雇员关系和应用技术开发这三个主题密切相关。进一步讲，有效的企业雇员关系会产生持久的更高业绩标准"。

有职业化精神的工作团队从何而来？企业和员工之间的共赢策略将是其间的本质。共赢策略应是对市场全球化、竞争激烈化、革新快速化和技术复杂化的真正合理反应。这种策略为相互有联系的个人、部门、公司之间相互理解，达成共识，协作共赢提供了机会。

共赢策略的目的在于用协作关系代替历史性的对抗关系——这些对抗存在于公司和各职能部门之间；员工和管理层之间。这种对抗关系倘不能有效消除，将会限制企业间沟通。破坏企业的创新和创造能力，并使得企业的核心竞争能力全面下降。

共赢策略的核心在于企业和员工之间的战略伙伴和联盟关系。这种关系的建立需要企业倾听各方的意见，营造一种相互尊敬、相互信任的气氛，企业和员工共享竞争优势和长期利益，发展成功的协同关系，取得对共同利益的一致理解和共识。共赢策略将对企业战略目标的实现产生独立和积极的深远影响。

共赢策略应具备的因素集中在于下述几个方面：

- 相互信任
- 长期规划共享远景目标，实现双方成功
- 沟通，解决冲突并消除误会
- 领导，管理水平的改善

- 奉献，努力工作和更大的责任感
- 双方之间至少5年的长期伙伴关系

要建立成功的战略伙伴和联盟关系，不只是仅限于企业，组织上上下下的每个人都面临着挑战。尤其是管理层，必须以更高的远见，向公司的员工还有他们自身通过有效的领导和相互的信任来激发员工的献身精神、参与感和主人翁精神，并最终形成伙伴和联盟关系。

管理语录：

　　如果把财富看得更广义一点的话，它应该意味着幸福才对。金钱不是最重要的，重要的是你是不是在做你喜欢做的事情，是不是有一个幸福的生活。在我看来，幸福是更重要的。很多人在温饱线上挣扎的时候不见得能够理解这种想法，但是一旦有一个相对稳定的生活时，仔细想想，这个是非常重要的。

——李彦宏

如何俘获人心

如何俘获人心,做到有效留人,将极大地减轻企业因人才流失而产生的巨大压力,驱动企业持续健康发展。人力资源管理部门要周密策划,专业操作,系统应对,才能在人才"跳槽季"到来的时候,做到游刃有余,从容应对。

进入年底,企业照例又进入人才跳槽的"潜伏期",所谓"潜伏期",就是因为有年终奖金等利益因素,很多本想跳槽的员工,在这个阶段,往往会"蛰伏"不动,但背地里却陈仓暗渡,通过各种途径去物色新的东家,一旦年终奖金到手,一纸辞呈同时也到了老板手中。所以春节过后的第一季,往往又被称之为"跳槽季"。根据全球前五大之一的人力资源服务公司Kelly Services日前与《哈佛商业评论》中文版杂志最新合作发布的《Kelly Services2010年中国关键人才能力报告》显示：2010年的人才市场比之金融危机之后的2009年明显活跃，中国企业仍然受到关键人才缺失的挑战。

报告显示：92%的企业认为其核心竞争力受到关键人才缺失的负面影响；23%的企业认为其核心竞争力受到关键人才缺失的重大负面影响。面对这种背景，企业该如何俘获人心，在"跳槽季"留住关键人才呢？

一个老套且被普遍接受的做法是：提供竞争性薪酬福利。这个做法，被认为可以更好地留住员工，但事实果真如此吗？华信惠悦的一项调查显示，决定员工去留的前三项因素为：员工在工作中能一展所长、可被信任的管理层和公司的产品或服务享有很高的市场声誉。耐人寻味的是，大家通常认为的关键因素——薪酬，却排在第四位。这种结果，可以验证我们在现实当中经常碰到的一个现象：那些跳槽的人，往往就是在企业享受高工资的人，所以千万不要认为付出一定会有回报，高工资就能俘获人心。

因为如果仅仅只是薪酬，大多数员工会认为：第一，这是理所当然的；第二，别的公司应该更高吧？这种心态是基于"这些是你欠我的"思想。所以，单一的薪酬激励，显然无法有效地获取员工对企业更大的忠诚。

我并不是反对企业提供竞争性薪酬福利，恰恰相反，俘获人心最直接或者是首要的方式，事实上还是在这方面，只是在提供竞争性薪酬福利的时候，应该谨记：如何发工资比发多少工资更重要。所以，企业在提供竞争性薪酬福利的时候，要特别注意策略，应该让多数员工觉得：

第一，是通过绩效赢得的；

第二，是对员工所在岗位，根据其显示的重要性等因素综合评估得到的；

第三，基于员工的忠诚度和重要程度而制定。

其次，俘获人心，企业还应建立量身定制的驱动力。每个人是有个体差异的，包括对需求，所以企业必须考虑个体需要，而进行量身定制。这其实并不难，因为多数人真正想要的，都在2-6个选项之间。

哈佛大学的研究结论：在1986年到2001年间，大家想要的是挑战、授权、成功……最后是钱；而随着互联网时代的到来和全球经济增速的放缓，到现在，大家最想要的前六名是：安全、挑战、成功以及三个新选项：家庭和工作的兴旺、招人喜欢和受尊重的同事与老板、工作生活都有意义。

要想知道员工到底在乎什么，企业需要对员工进行全面的了解，包括了解员工工作之外的生活，这就要求企业要用心，并能做到每隔一年或者两年，对大家所需要的选项重新搜集和更新，针对新信息，设计针对个体而量身定制的驱动因素，从而帮你俘获人心。

总之，如何俘获人心，做到有效留人，将极大地减轻企业因人才流失而产生的巨大压力，驱动企业持续健康发展。人力资源管理部门要周密策划，专业操作，系统应对，才能在人才"跳槽季"到来的时候，做到游刃有余，从容应对。

管理语录:

我们能做的就是把赌注押在我们所选择的人身上。因此,我们的全部工作就是选择适当的人。

——杰克·韦尔奇

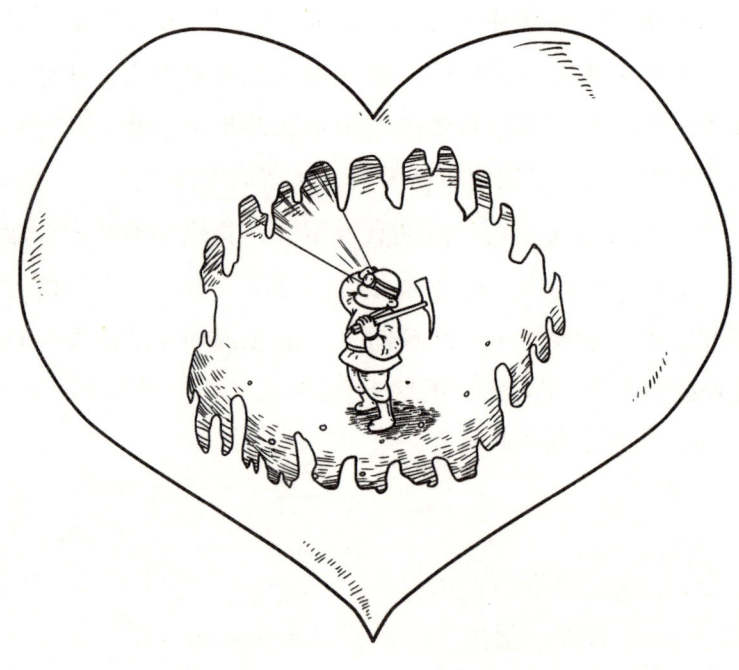

帮助员工成长

> 创造有利于人的成长环境，要从确立"值得人们承诺投入的志向目标"开始。企业如果没有这种愿景，将无法激发人的热情、想象力，承担风险的勇气、耐心、坚韧不拔的毅力，以及对生命意义和价值的追求，而这些又都是达到长期财务成功的基础。

当前，一代企业家的创业梦想，必定是想让自己的企业能永续经营、基业长青，所以，很多企业家便以追逐利润的最大化为目的，由此，思索的重心自然也就转到了营销策略、技术创新等驱动利润的核心要素上。这种思维本身并没有错，但这种思维衍生出的行动，往往会让企业和企业家们忽略一个更为本质的因素——人！若企业首先实现不了人的成长进步，必然会阻碍企业的成长和进步。

企业家永续经营、基业长青的基石不在营销，也不在技术，而应该在于人。美国UPS创始人曾经有一个著名的论断：照顾好了员工也就等于照顾好了利润！我深以为然。

自我超越，创造组织环境，让人获得真正的成长，是企业家的一项重要修炼。今天，大多数公司都支持这种人本哲理——"员工是我们最重要的财富"。但事实的真相是什么呢？

2005年，麻省伍斯特市的一些商界领袖，启动了首场"纪念奥布赖恩系列讲座。"首场演讲的企业家是哈雷·戴维森公司前CEO、国际组织学习会网络的创始人之一提尔林克。他指出："真正承诺投入到人的成长，要靠一种信念的力量，你必须相信自己心里的直觉，即：人们需要追求一种有意义的愿景，想要做出贡献，想要对结果承担责任，而且，愿意检查自己行为的缺点，并尽力改正错误，纠正问题。这种信念，控制型经理人是不容易接受的。这也就是为什么关于人的成长，'说的'和'做的'之间会有那么大的差距。"

是啊，当前我们的企业，在对人的态度上，往往是：你不行，我换你！包括岗位竞聘"能者上，庸者让"，手段上没错，但背后的理念，未必每家企业都想清楚了。不行的人，换或者让，这样的行为，会让企业家们认为企业里的事情要做好，是可以通过换人或者启用能人就可以解决的。那么，企业就会通过这样不断换人的方式来解决问题，而忽略了能让人成长的环境和机制建设！一家好的企业，其厉害之处绝不在于通过换人来发现和启用能人，而是有没有本事通过环境和机制让三流的人才变成一流的人才，能不能让庸者变成能者！若没有企业里人的成长进步绝不可能有企业的成长进步。

所以，尽管当前每家企业都在说企业之间的竞争在于人力资源的竞争，但落实到具体行为上，往往又是另外一种做法而已。这的确很麻烦，因为这种行为不改变，将会影响一批企业的未来。

既然企业基业长青要回归到"人"这个本源，那么，如何通过塑造人的竞争力打造企业的竞争力呢？

　　沃尔沃瑞典公司的总裁、宜家北美公司的前总裁约兰·卡斯泰德认为：创造有利于人的成长环境，要从确立"值得人们承诺投入的志向目标"开始。企业如果没有这种愿景，将无法激发人的热情、想象力、承担风险的勇气、耐心、坚忍不拔的毅力，以及对生命意义和价值的追求，而这些又都是达到长期财务成功的基础。

　　其次，企业应建立一个塑造员工职业化能力的工作平台，通过职业化的工作提升人的素质。诚如联合利华公司的布丽奇特·坦塔维-蒙索说："我想在公司内部和外部，都多做点事，多做点真正事关紧要的事；而组织内的工作，帮助我发展了能力，以产生更多的影响力。"另外，职业化的培训开发，也是企业长期要坚持做好的一件事。

　　在今天的世界里，帮助员工成长将是企业走向可持续的唯一选择。

管理语录：

　　我最信奉的是员工的力量。我相信如果他们犯了错误，应该让他们明白这并不会导致恶果。真正能够导致恶果的是犯了错误却竭力加以掩盖。但是如果员工不愿意犯错误，那么他们永远不可能作出正确的决策。另一方面，如果他们总是犯错误，你就应该让他们去为你的竞争对手工作。

　　　　　　　　　　　　　　　　——花旗集团经营格言

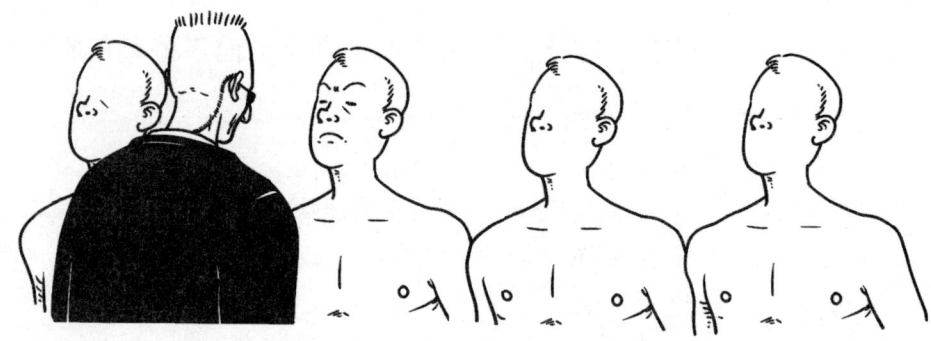

经营人而非管理人

管理人就是通过管理的手段，让人发挥潜能达成目标，核心是"做事"。被管理者往往不会有主动的心态去积极的完成工作，工作内容更多是被动的接受而非主动的思考，甚至还衍生出叛逆；而经营人首先考虑的是如何让人进步，核心是"人"，通过人的进步——思想理念上的进步和技能的进步，让其更有激情也更有素质主动而且创造性地达成目标。管理和经营，被动和主动，塑造的是境界两重天。

1945年，当亨利第二被任命为福特汽车公司的总经理时，他面对的是一家每月亏损900万美元的公司。

亨利懂得要改变这种局面，需要一批管理人才。于是，他用高薪请来了通用汽车公司的副总经理欧内斯特·布里奇全面领导福特汽车公司，布里奇还给"福特"带来了另外几个"通用"的高级管理人员刘易斯·克鲁索和哈罗德·扬格伦等人。此外，亨利还雇用了十个年轻的"神童"（包括后来任世界银行行长的查尔斯·桑顿和利顿工业公司董事长的阿杰·米勒）。在这批人的有效管理下，福特汽车公司起死回生：第一年，公司转亏为盈——交纳税款后盈利2000万美元；第二年，除了税收，获得6600多万美元的纯收入；第三年，公司的纯收入达9400万美元；第四年的利润为1.77亿美元；到第五年，公司的利润竟高达2.58亿美元。

从每月亏损900万美元到五年后盈利2.58亿美元，亨利实现了成功经营，无疑他对人力资源的态度——争天下者，必须争人，让他在竞争中取得了优势。

福特的成功就是用人的经典范例，其他世界成功企业的发展也昭示了人力资源在企业中的价值，被誉为西方世界管理巨人的英国企业家米采·马克士有一句名言——只要把人放在第一位，就不会失败。

把人放在第一位，取决于组织的战略理念和发展眼光，同时也取决于组织各层级管理者的经营人才素质。

最近一项调查很有意思，白领阶层收入都不菲，但幸福指数却普遍偏低，是什么影响了他们的幸福观，其中有一条：直接上级的管理风格！这种风格的差别，就是管理者在管理人还是在经营人。

管理人就是通过管理的手段，让人发挥潜能达成目标，核心是"做事"。被管理者往往不会有主动的心态去积极的完成工作，工作内容更多是被动的接受而非主动的思考，甚至还衍生出叛逆；而经营人首先考虑的是如何让人进步，核心是"人"，通过人的进步——思想理念上的进步和技能的进步，让其更有激情也更有素质主动而且创造性地达成目标。管理和经营，被动和主动，塑造的是境界两重天。

海尔有一句格言："一个员工本身素质的高低，不是管理者的责任，但一个员工在管理者的手下做事，你不能让他的素质得到不断提升，这就是你的责任"，这句格言，道出了经营人的真谛，所以企业界现在也流行一句话：最好的经理是教练。

组织基于人的战略理念要得以落实，培养一支善于经营人的各层级管理者尤为关键。培养的方向一是要着眼于理念的转变，二要提升管理者经营人的技能。

"职业经理人首先应成为优秀的人力资源经理"这个观点，一方面喻示管理观念在企业的悄悄转变；另一方面，也让我们看到，让每一个经理成长为优秀的人力资源经理，企业要走的路还很长，经理人要掌握的人力资源技能还很多。但不管怎么说，致力于人的发展的公司才是伟大的公司；善于经营人的管理者才能成为卓越的管理者！

管理语录：

让你的种子发芽，让你身边的人不断发展和创新，而不是控制你身边的人。公司的成功需要集思广益，所有的人都要有激情。

管理者的知人善任

一个团队总是需要各式各样的人才。一个成功的管理者不在于他自己能做多少事情,而在于他能很清楚地了解每个下属的优缺点,在适当的时候安排员工去做最能发挥他们长处的事情,这就是"知人善任"。

《淮南子·道应训》记载:

楚将子发很爱结交有一技之长的人,并把他们招揽到麾下。有个其貌不扬,号称"神偷"的人,也被他待为上宾。

一次,齐国进犯楚国,子发率军迎敌。交战三次,楚军三次败北。子发旗下不乏智谋之士、勇悍之将,但在强大的齐军面前,简直无计可施。

这时神偷请战,在夜幕的掩护下,将齐军主帅的睡帐偷了回来。第二天,子发派使者将睡账送还给齐军主帅,并对他说:"这是我们出去打柴的士兵捡到的，特地赶来奉还。"

当天晚上，神偷又去将齐军主帅的枕头偷来，再由子发派人送还。第三天晚上，神偷甚至将齐军主帅头上的发簪都偷来了，子发照样派人送还。

齐军上下听说此事，甚为恐惧，主帅惊骇地对幕僚说："如果再不撤退，恐怕子发要派人来取我的人头了。"于是，齐军不战而退，楚国不战而胜。

上述故事给我们的启发是：一个团队总是需要各式各样的人才。一个成功的管理者不在于他自己能做多少事情，而在于他能很清楚地了解每个下属的优缺点，在适当的时候安排员工去做最能发挥他们长处的事情，这就是"知人善任"。它是企业为了发展的需要，管理者根据人力资源规划和工作分析的要求，寻找、吸引那些有能力又有兴趣的人到本企业任职，并从中选出适宜人员予以任用的过程。其目的是寻找具备最适合岗位技能，而且具有工作的愿望和职业兴趣，能够在企业相对稳定工作的员工。

管理者的核心任务是领导、激励下属团队向明确的目标努力，并完成任务。因此，除了具备影响力、左右下属的能力之外，一个优秀的管理者必须能够明确地了解本部门每一个岗位所必需的任职资格，并由此为依据，清晰地把握每一个团队成员的工作能力及优缺点，包括工作心态是否稳定，能否有效掌控整个团队的工作效率，确保完成工作目标。

现代企业管理的实践证明，人力资源管理能力是优秀管理者的必备素质，而知人善任又是其中的核心，惟有知人善任，才能依靠人而达成组织目标。

管理语录：

　　吸引人才的手段，不是高薪，而是企业所树立的经营形象。要求职者有诚心，肯苦干，不一定非用有经验的人。公司应招募适用的人才，程度过高，不见得就合用。

——松下幸之助

硕士当城管是人才浪费吗

人才浪费现象是任何单位都要关注并避免的，只有做到人才不浪费，单位才有真正的竞争力，而在国家层面，也才能实现从人力资源大国转型为人力资源强国。

有消息称江苏常州城管一线共有12名硕士，而且这些硕士城管队员中有的就是从事沿街巡查工作。消息一出即引发网友热议，一些网友称："初中生能干的工作，硕士去做，这不是浪费吗？"面对热议，这些硕士城管队员和城管部门却表示，他们一点都不觉得浪费。

持浪费观点的人认为，不论怎么样，硕士这样的专门人才，理应在各自领域从事较为前沿的研究，较为重要的工作，否则，硕士当城管就是高学历的人从事低学历水平的职业，是浪费！

而持反方观点的人却认为：现在全民文化程度在不断提高，对"三百六十行，行行出状元"是很大推动，硕士生参与城市管理，一定会推进城市管理水平的提高和创新。尚且，城管需要了解法律、技术等方面专业知识；智能化城市系统，也会涉及网络及计算机技术，所以越来越需要高素质人才。

我们姑且先撇开硕士是否可以做城管，而是来看看硕士做了城管后，如何不致人才浪费。

要做到人才不浪费，首先应回答清楚，城管是否一定要具有硕士学历。事实上，当前很多单位，在设置岗位的学历要求时，往往唯学历而学历，或者盲目追求高学历。若初中生可干的工作，硬要设置本科生学历这个门槛，且只能招本科生的话，人才自然浪费。

其次应明晰，硕士城管对应的岗位到底应承担什么职责，若按照硕士的学历标准将人员招聘到位，但实质干的活，却是高中学历能承担的城管基础职责，如沿街巡查，并且长期如此，那当然也是大材小用。

再次，能否招到对城管职业感兴趣的人员。如某蔬菜学硕士，2008年硕士毕业后就备考公务员，报考的是"行政执法"岗，当时对这个职位也没有多想，2009年刚走上岗位那会，才知道这个岗位的实质，当下心理就有了落差，周围的亲友也不理解。试想，若以这种心情工作，能做到全身心投入吗？

最后是有没有良好的职业发展设计。硕士城管刚到单位上班，为了适应新环境，了解工作性质，积累基层工作经验，干干沿街巡查工作，无可厚非，但若没有相应的职业发展通道设计，一个阶段后能通过该通道，顺利过渡到更高层次从事与之学历相对应的工作，久而久之，也势必造成人才浪费。

不独城管，其实各单位，包括企业，如果运作不当，均有可能存在人才浪费现象。若要避免此类现象的发生，从人力资源管理角度，应清晰两大方面四项具体工作：

第一大方面是组织设计，做好清晰岗位设置和岗位任职要求的具体工作，明确该岗位任务达成应具备的能力素质。

第二大方面是人员管理，也牵涉到三项具体工作。一是慧眼识才：如何对应职位条件找到符合岗位任职要求的人员，尤其是有此类职业兴趣的人员，达到人岗匹配；二是高效用人：用什么样的策略与方法，使人进来后能有意愿干活，并且能将活干好；三是真情留人：人进来后，不但能用得好，而且留得住，唯有如此，人力资源才能转化为人才效应，为单位持续创造价值。

总之，人才浪费现象是任何单位都要关注并且应避免的，只有做到人才不浪费，单位才有真正的竞争力，而在国家层面，也才能实现从人力资源大国转型为人力资源强国。

管理语录：

　　"想干与不想干"是有没有责任感问题，是"德"的问题；"会干与不会干"是"才"的问题，但是不会干是被动的，是按照别人的要求去干；"能干与不能干"是创新的问题，即能不能不断提高自己的目标。

——张瑞敏

没有乔布斯,"苹果"还会红

> 乔布斯插手了至少未来3年的产品设定,并成功的将自己的高标准传授给了下属,即使失去了他,苹果还将是苹果,乔布斯的离去并不会使公司的战略和执行变得步履维艰。

美国苹果公司当地时间2011年10月5日在官方网站首页贴出乔布斯遗照,同时宣告这位传奇人物于当天早些时候去世。照片配以乔布斯的英文姓名以及"1955~2011"字样,表明他56岁,本应仍大有可为的年纪。

苹果公司董事会申明说:"史蒂夫的才华、激情和魅力是无数创新的源泉,这些创新丰富和改善了我们所有人的生活"。苹果当天还公布了现任首席执行官蒂姆·库克发给公司全体员工的一封电子邮件,库克说:"苹果失去了一位富有远见和创造力的天才,世界失去了一个不可思议之人。乔布斯留下了一个只有他才能缔造的公司，他的精神将永远是苹果之根。"

这一次，乔布斯永远离开了他的苹果公司，而这也让外界开始对苹果的命运有了更多的担心：苹果是否还会出现当年的混乱局面？苹果还能否持续保持领先的市场地位？分析人士认为：苹果面临的问题在于，如何从乔布斯过去14年执掌苹果的过程中吸取经验，而又不被乔布斯留下的遗产所束缚，影响未来的变革。

乔布斯长期以来的副手库克于今年8月接任苹果CEO，当时，他在一封邮件中表示："我希望你们都有信心，苹果不会发生改变。"

美国《华尔街时报》网站10月7日披露，乔布斯去世前帮助确定了一个长期的苹果产品路线图，知情人士说：乔布斯插手了至少未来3年的产品设定，并成功的将自己的高标准传授给了下属，即使失去了他，苹果还将是苹果，乔布斯的离去并不会使公司的战略和执行变得步履维艰。

但愿如此吧，为什么人们如此寄希望于后乔布斯时代的苹果，除了乔布斯本人生前的影响和当前大家对他英年早逝而产生的同情和痛惜，苹果确实有理由证明：苹果不会发生改变。

其一，苹果公司有清晰的战略规划。乔布斯生前插手未来3年的产品设定，库克上任后信誓旦旦地说苹果不会发生改变，这一切都在证明苹果有清晰的未来考量。一旦路线图确定，大家按着设定的路线走，并不会因为某人的离去而偏离了路线，至少不会脱离大方向。

其二，围绕战略而设定的组织架构。在这个架构下，生前的乔布斯凝聚了一大批最有才华的人，菲尔·库勒，约尼·艾夫，彼得·奥本海默，蒂姆·库克，还有前零售负责人罗恩·约翰逊……2011年乔布斯辞去苹果CEO一职，退居幕后，但是苹果的股价依旧坚挺，这是整个团队力量的证明。今天乔布斯虽然离去，整个团队并未消亡。

其三，接班人培养。苹果现任CEO库克，是乔布斯长期以来的副手，8月份正式接替乔布斯。哈佛商学院教授大卫·尤菲表示："后乔布斯时代，乔布斯的创造性和热情仍将持续，因为有库克。"

迪士尼和沃尔玛等公司在其魅力非凡的创始人离去后，也经历过一些过渡期的困难，但最终都成功实现蓬勃发展。所以"基业长青"不是我们挂在嘴上单纯口头宣示的企业愿景，若想基业长青，必须注入成功基因，就如苹果公司的做法，尽管苹果如何发展和最终命运仍有待观察，但至少其做法值得很多企业深思和借鉴。

管理语录：

个人的能力是缺乏可持续性的。如果是所有的想法都来自CEO，CEO告诉每一个人如何做每一件事的话，这样的公司是不可能长久成功的。

——杰克·韦尔奇

企业需要用好"三种人"

> 始终关注于人,并能结合个性的特点,用好每一个人,让每个人都有更好的平台为企业发展尽心尽力。这是根本,也是人力资源管理本身要具备的一项核心能力,只有这样,人力资源管理才能成为真正的企业战略伙伴。

全球化时代,市场环境纷繁复杂,企业需要对人力资源管理不断变革,以实现人力资本的不断增值,才能把握未来竞争中的不确定性,人力资源管理的水平必将成为企业在未来竞争中成败的决定因素。特别是企业在用人方面的职业化水平,将决定企业人力资源管理水平的整体质量,也最终决定了企业人力资源管理体系在驱动组织发展方面的成效性。所以,企业在用人方面必须具有新思维。

在当前经济形势下,企业应特别关注并用好三种人:

第一种人，忠诚于企业，愿意与企业共成长的人。现在职场年轻一代多为80后、90后的年轻新生力量。这一代人较之于前几代，视野更为宽广，接受新事物的能力也较强，优势明显，但在忠诚于企业方面普遍偏弱，导致他们频繁跳槽。根本原因在于两点：一是短期获利的功利思想。他们中的很多人有高薪倾向，追求高薪人之常情，但要命的是没有摆正高薪与投入的关系，一方面要求高工资，另外一方面又缺乏足够的耐心和坚韧的投入，没有投入，必然影响产出，一旦收入与心理期望产生落差，短期获不了高利，"这山望着那山高"，最终选择跳槽走人；二是忍受委屈的抗挫力低。无论任何人要想做出任何事情，工作上有成就，必然要经历各种挫折与考验，世间之事从来不可能一路坦途。但当下的年轻人，因为出生环境的不同，从小一直到学校毕业，成长道路一帆风顺，几乎没有历经磨难和困苦，从此也养成了以自我为中心的想当然顺境心理，一旦碰上挫折或其他委屈，往往调适不了自己，承担不下压力，最终选择跳槽走人。也正是这些原因，当下很多企业特别是中小民营企业，频频遭受着人员跳槽的煎熬。在此大背景下，那些忠诚于企业的员工，显得尤为可贵。与其他员工相比，他们高度认同公司的长远战略和定位，高度认同于公司文化和人际生态环境，看好公司的未来，不会因为公司一时的得失而患得患失；无论是对公司也好，还是对同事也好，也更具有包容心态；兢兢业业，埋头向前，即使在低迷时期，也能很快地调整自己。

第二种人，富有工作激情，敬业肯干的人。一个人最终有多大的成就，首先取决于他做事的态度。如果不想做事情，不愿担当责任，每天得过且过，浑浑噩噩混日子，哪怕他资历再高，自身能力再强，最终也将一事无成。所谓"人之初，性本懒"，企业里一旦有那么几个缺乏工作激情的人，并且有这种让没有激情的人生存的土壤，久之，受这么几个人的影响，群体人之懒的本性或许会大面积迸发而坏了企业的做事环境！所以，那些成熟度高，具有爱岗敬业、吃苦耐劳、锐意进取、百折不挠职业精神的员工，尤其显得珍贵，企业定要用好这类人。

第三种人，具有快速学习能力，适应环境变化，能同时承担多种不同类型职责的超级工作能手。互联网大数据时代，知识和信息更新的速度瞬间万里，如果固守于当前的思维和知识，今天你是能人，明天可能就变成了庸人。那些能结合本职工作，善于分析形势的发展，作出快速反应，以前瞻的思维和敏捷的行动，拥抱新知识，吸纳新知识，借此能时常进行工作创新的人，不仅会惠及企业发展，自身的职业前程也将花团锦簇，未来光明灿烂。

人力资源管理的立身之本到底是什么？在我看来，始终关注于人，并能结合个性的特点，用好每一个人，让每个人都有更好的平台为企业发展尽心尽力。这是根本，也是人力资源管理本身要具备的一项核心能力，只有这样，人力资源管理才能成为真正的企业战略伙伴。

李娜夺冠背后的"单飞政策"

> 李娜背后的"单飞"政策,可以让我们很清晰地得到一个结论:一套好的体系将激发个人无穷的斗志,从而使企业创造整体价值;一套差的体系将使精英堕落为平庸,并使企业整体丧失竞争力!

2011年6月4日晚,在备受国人关注的法网女单决赛中,中国金花李娜在拿下首盘后,又在第二盘末段成功顶住了卫冕冠军、意大利名将斯齐亚沃虎的顽强反击,最终以6∶4,7∶6的比分胜出,成功在法网封后,创造历史,成为第一个捧起网球大满贯赛事单打冠军奖杯的亚洲选手,书写了中国网球灿烂的辉煌时刻。

女排精神推动着整整一代人的成长,刘翔的金牌让亿万国人骄傲,李娜的冠军再度提升了中国体育在国际上的高度。

中国"金花"近年在网坛屡创佳绩，由2004年的奥运会女双金牌，到2006年于澳网、温网夺得大满贯女双冠军，如今李娜半年内连续打入大满贯决赛，这背后，可说是中国网球"单飞"政策的一大成功。

2008年底，李娜退出网球队开始"单飞"，这样她不但可以自己挑选教练，而且只需将所得奖金的8%-12%交给国家，而不再是过去的65%。李娜也认为选择单飞后，意味着运动员需为自己的生计奋斗，由以往的"需我练"变成"我要练"。对网球的热爱，自我动力的激发成为成败的关键。

分析"单飞"政策，你会发现这是一套极好的激励体系：

首先它满足了个人自主决策权的心理需求。以前是安排教练给你，现在是你可以自主选择教练，这实际上就是从被动接受到主动决策的转变，极大地满足了个人自主的心理需求，也是马斯洛需求层次理论的"被尊重"和"自我实现"最高层次的体现。

其次它给予执行者适当的压力和挑战。以前好也罢，坏也成，一切后果均由国家承担，但选择"单飞"后，你要么成功，要么失败，没有第二种选择，必须为生计奋斗。据说，李娜团队为维系正常运转，每月支出的费用不菲，这样，必将激发背水一战的勇气。

再次，极大的物质利益满足，虽说钱不是万能的，但一套激励体系的设计，没有物质利益的合理分配，那是万万不行的。这套"单飞"政策实际上是国家将物质利益极大地让给了个人，过去是65%的奖金上交，现在是8%-12%，这是一个什么概念？所谓的"财散人聚"，其实"财散"了，不仅仅是"人聚"的问题，而且还有积极性的显效提升。

李娜背后的"单飞"政策，可以让我们很清晰地得到一个结论：一套好的体系将激发个人无穷的斗志，从而使企业创造整体价值；一套差的体系将使精英堕落为平庸，并使企业整体丧失竞争力！

企业要寻求可持续的成长基因，一定得要构建一套专业的激励体系，如何构建好这套体系，中国网球的"单飞"政策，值得我们去研究并借鉴。

法网封后，李娜实现了人生中最重要的一个目标，而下一个目标，无疑是世界第一。我认为这可能，因为这里不仅有李娜对网球的热爱，也有"单飞"政策所激发的个人斗志。

管理语录：

　　注重自己的名声，努力工作、与人为善、遵守诺言，这样对你们的事业非常有帮助。

　　那些私下忠告我们，指出我们错误的人，才是真正的朋友。

——马云

南大的"诚"和吴斌的"义"

诚者，真也。"诚"是个人和社会一切道德准则和行为规范的基础，失掉了"诚"，也就失掉了人生存立足的灵魂，一切成就无从谈起。

义者，责也。"义"是担当，是人担负责任时义不容辞的付出，失掉了"义"，也就失掉了对做好事情的基本承诺和无私奉献，谈不上有价值的人生。

不久前举行的南京大学110周年庆典上，有两个场景令人回味。一是会场没有主席台嘉宾位，"银发校友"全部前排就座，主持人介绍出席庆典嘉宾时，最先介绍的不是领导，而是两位分别在1939年和1944年入学的老校友……"序长不序爵"的接待原则，让庆典既隆重典雅，又充满浓浓情谊；二是十位获颁"杰出校友"称号的有数位来自基层。此前南大公布的"杰出校友"首要评选标准就是"长期在基层一线尤其是在艰苦地区默默奉献、淡泊名利，在平凡岗位作出不平凡贡献的校友。"

在"官本位"现象流行和以"富豪"论英雄的今天，南大的"序长不序爵"和"基层导向"的杰出校友评选，犹如一股清风，令人肃然起敬。这种价值追求恰如南大校庆口号"诚动天下"。这座百年学府，用一个"诚"字打动人心，展示了百年大学的魂魄。

而2012年5月29日发生在一位普通司机身上的感人事迹，令人潸然泪下、感慨万千。这位普通司机叫吴斌，48岁，是杭州长运客运二公司的职工，安全驾驶全程超过百万公里，工作8年无一起违章、无一起投诉。5月29日上午，他驾驶的大巴在高速路上正常行驶，不知从哪里飞出一块铁片，砸碎了大巴的前挡风玻璃，砸中正在开车的吴斌。肝脏破损、肋骨骨折、肺肠严重挫伤……重伤后的短短几十秒钟里，吴斌先将大巴车缓缓停下，然后拉上手刹，开启双闪灯，之后艰难地站起来，告知车上乘客注意安全。用尽最后一丝力气后，吴斌瘫坐在座位上。危机时刻，强烈的职业责任让他保全了车上24名乘客的安全。而他自己却因伤势过重，不幸去世。

给乘客做笔录时，曾处理过无数次交通事故的交警曹建平忍不住流泪："大客车刹车拖印是笔直的，一个肝脏被突然刺破的司机，要用怎样的意志力才能做到这一点啊！这是一个超人。"

超人吴斌，用他钢铁般的意志演绎了社会的浩然正气，义薄云天。当我们为吴斌而震撼时，不妨也扪心自问，不管处于社会的何种岗位，我们的职业精神是否足够到位、毫无疏忽；我们的日常工作是否足够规范、无可挑剔？时时清除内心的尘垢，坚守基本的职业精神和尽职履行工作职责，这是最为动人的人性光辉。

诚者，真也。"诚"是个人和社会一切道德准则和行为规范的基础，失掉了"诚"，也就失掉了人生存立足的灵魂，一切成就无从谈起。

义者，责也。"义"是担当，是人担负责任时义不容辞的付出，失掉了"义"，也就失掉了对做好事情的基本承诺和无私奉献，谈不上有价值的人生。

随着我国经济的快速发展，在GDP增长的同时，急功近利的浮躁风气也大幅显现，信仰的迷失致使5000年文明国度传承的核心价值观几乎丧失殆尽。黑心商人、无良企业前仆后继，导致食品安全、品牌诚信等相关事件层出不穷。有些人也因此远离了诚朴之风，担当之义。品行不端、技艺不精，推诿、扯皮、不负责任，夸夸其谈、不尚实事之风愈演愈烈。

当前，我们已经拥有了经济规模全球第二的领袖地位，不少企业也想顺势而为，进一步做强做大，从而谋求在全球的话语权和影响力，至少将可持续发展和基业长青列为企业的愿景。企业要想实现这些宏愿，职业化团队的养成至为关键，而职业化团队至少应同时符合三项条件：第一，团队成员愿不愿意干；第二，团队成员有没有能力干；第三，团队成员能不能将事情干好。这其中，团队成员愿不愿意干，又是核心决定要素，因为一个人倘若不愿意干事，纵有再好的能力，也干不成事。

而决定团队成员愿不愿意干的，毫无疑问，首当其冲的就是固守在人心灵深处的价值观。如果企业没有引导好员工正确的价值观，导致员工品行不端，组织里面因为人而引发的麻烦事便会接踵而至，甚至足以拖跨任何一家企业。

所以，我们必须清醒地意识到：价值观管理对企业何其重要！

百年南大对"诚"的坚守，司机吴斌用生命演绎的职业之"义"，对于企业的价值观管理，都是一种深刻的提醒。

管理语录：

　　诚信，像房子的地基，假如地基比较弱，在上面盖一所大房子，一旦有风暴就会被吹倒。

唤醒世道人心不能靠经济利益

对于工作，其最终成果的取得，往往在于两个方面：一是愿不愿意干，二是能不能干。愿不愿意干首先取决于态度，即价值观问题，但我们的价值观如果被引导到只有经济利益而无其他，那道德的整体沦陷便成为了一种必然。

2011年10月13日下午5时30分，佛山南海黄岐广佛五金城，两岁女童小悦悦在巷子里被一辆面包车两次辗轧，几分钟后又被一小型货柜车辗过。此后7分钟内，18个路人经过女童身边，却不闻不问。第19位路人，拾荒老人陈贤妹把小悦悦抱到路边并找到她的妈妈，小悦悦随后被送至广州军区广州总医院抢救。在医院的第9天，小悦悦最终还是没能创造生命奇迹。21日上午，广州军区广州总医院宣布，零时32分，经全力抢救无效，小悦悦还是离开了。

小悦悦的死，再次引发公众"拒绝冷漠"的讨论。广东省委书记汪洋呼吁：我们每一个人都要用良知的尖刀来深刻解剖自身存在的丑陋，忍住刮骨疗伤的疼痛来唤起社会的警醒与行动。

广东省政法委日前在官方微博征求民意，或将拟定奖励见义勇为、惩处见死不救的相关法规。不过江西省社科院研究员尹小健则表示，建立完善扬善惩恶的制度无可厚非，但是要真正唤醒世道人心，还是应当依靠道德的感化作用，而不能总是把助人为乐行为与经济利益挂钩，这样的制度只能给公众传递一个错误的信息：在没有利益回报甚至可能损失自身利益的情况下，是不是就不值得出手相助？

上述小悦悦现象和由此产生的公众舆论，值得企业在两方面进行深思：

第一，如果那18个路人中，其中就有您企业的员工，我们可以设想：对生命都漠然置之的人，您能指望他（她）对工作尽心尽职，对一家企业全情以赴？既然如此，重塑员工价值理念，进行专业的价值观管理对企业发展那是何等重要之事。

第二，为了让员工更好地履职、有效达成目标，很多企业进行着绩效考核的实践，策略无可厚非，但考核的结果与经济利益挂钩，这样的制度是不是也在传递一种错误的指向：干活就是为了经济利益！但问题是企业有些活往往是突发的、临时的，甚至不是你职责范围内的。如果在没有考核、没有经济利益的前提下，对这些活，是不是大家就可以袖手旁观了呢？

对于工作，其最终成果的取得，往往在于两个方面：一是愿不愿意干，二是能不能干。愿不愿意干首先取决于态度，即价值观问题，但我们的价值观如果被引导到只有经济利益而无其他，那道德的整体沦陷便成为了一种必然。因而，很多企业面对人浮于事、推诿扯皮、不负责任等组织乱象束手无策，这不仅仅是企业的悲哀，而且是整个社会的悲哀！而解决这个问题的根本恰恰在于世道人心而非经济利益！

好在还看到另外一则消息：2011年10月19日下午3点10分，南昌西湖区广场东路205号金汉斯门前发生一起重大交通事故，一名20多岁的女孩被一辆车压在轮下，只剩下一只手，还好当时被一群农民工救出，快速送往医院救治。面对舆论的一片赞叹，他们说："就是救人，没想别的，人家压在车子底下，总不能见死不救吧！"

这些最可爱的农民工，让我们知道，在我们的周边还有温暖，还有爱，还有责任的温情在激荡，这就是希望！

管理语录：

　　商业合作必须有三大前提：一是双方必须有可以合作的利益，二是必须有可以合作的意愿，三是双方必须有共享共荣的打算。此三者缺一不可。

　　服务是全世界最贵的产品，所以最佳的服务就是不要服务，最好的服务就是不需要服务。

——马云

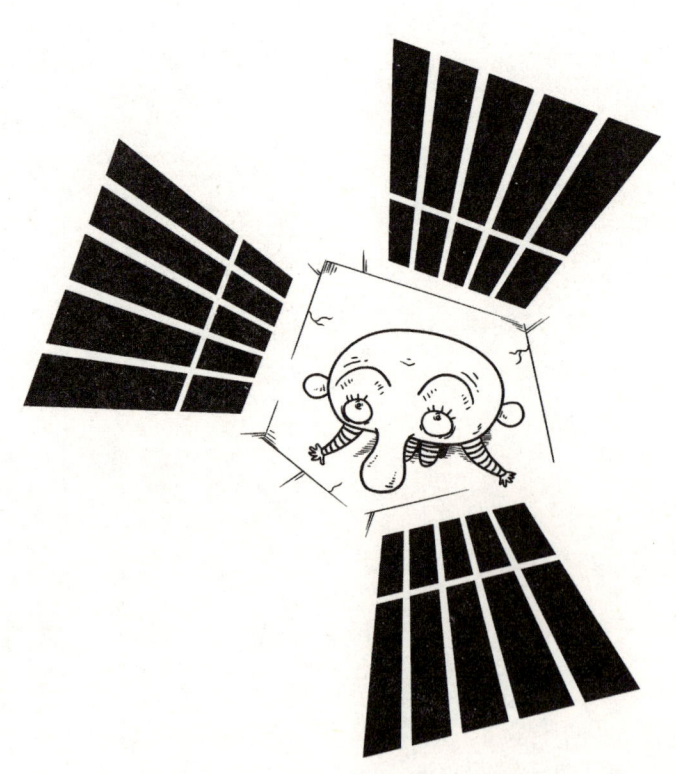

中间层革命

如果一个管理者不了解前线，但拥有太多的权力与资源，设置许多流程控制点，而且不愿意授权，就会降低运行效率，增加运作成本，滋生官僚主义和教条主义。所以，在当前的全球化经济环境中，进行"中间层革命"是必须的，但也注定是艰难的，而且充满挑战性。

海尔集团正在发生一场"中间层革命"，他们尝试着把公司从"正三角"结构变为"倒三角"，7万多人也由此一下变成了近2000个自主经营体，组织实现了扁平。传统的正三角，金字塔尖是最高领导，最底下是普通员工，中间层是不同层次的管理者。底层员工接触用户，得到的信息一级级汇报上去，领导做好决策再一级级传下来。而在需要快速响应的互联网时代，这种结构显然跟不上变化，必须要把金字塔结构倒过来，接触用户的员工在第一线，领导在下面，领导从原来的指挥者变成资源提供者。

在彼得·德鲁克看来，管理者不等于"有下属的人"，那不过是"监工"和"上司"而已。他的定义是"在一个现代的组织里，如果一位知识工作者能够凭借其职位和知识，对该组织负有贡献的责任，因而能实质地影响该组织的经营能力及达成的成果，那么他就是一位管理者。"管理者不是有多少下属可以发号施令之人，而是能使组织产生效益（to effect）、实施任务（to execute）、富有成果之人。

如果一个管理者不了解前线，但拥有太多的权力与资源，设置许多流程控制点，而且不愿意授权，就会降低运行效率，增加运作成本，滋生官僚主义和教条主义。所以，在当前的全球化经济环境中，进行"中间层革命"是必须的，但也注定是艰难的，而且充满挑战性。

"中间层革命"成功的关键，归根结底还在于要能有效提升管理者能力素质。在德鲁克看来，管理是一种实践，它的本质不在于知，而在于行，行动的结果是衡量管理好坏的唯一评判标准。而在亨利·明茨伯格看来，管理是科学、艺术与手艺的结合。这里所说的手艺，相当于我们所说的操作，显然，也只能从实践中获得。

从两位大师的论述中不难看出，要想有效开发管理者的能力和素质，最重要的方法是"行动学习"，即在完成具体工作任务中不断地总结与提升，在工作中学习。特别值得企业关注的有二点：

一、让管理者的开发培养与驱动组织战略目标之间成为一个系统

组织战略目标实现的前提是组织应具备关键能力，而这些关键能力，无疑会具体落实到企业每一位员工，尤其是管理者身上。我们所说的管理者能力开发，一定要匹配到组织关键能力，最终让其能驱动组织战略目标的实现，否则就失去了管理者能力开发的价值和意义。因此，把企业的"战略规划——组织关键能力——员工（特别是管理者）能力评估与开发规划——开发运营管理"形成一个系统的闭环，并让其在日常工作中加以应用，是管理者能力提升的关键所在。

二、通过教练、辅导、反馈，在日常工作实战中开发培养管理者

研究证明，管理者的开发培养中有个"70/20/10原则"。即，管理者的成长提高70%靠实践，20%靠教练、辅导、反馈和观察学习，10%靠课堂学习。其中，起到四两拨千斤作用的，就是这20%的教练、辅导、反馈和观察学习。它要求各级领导者学会如何对下属的工作做出坦率的评价，对自己的下属给出反馈，引导谈话，与下属交流自己的经验判断，并对下属进行教育、培训和指导。

大量的实践证明，要想有效地开发和培养管理者，对其进行准确而有效的评估是最为重要的前提条件。若管理者在这个方面的能力和投入缺失，无疑会使得管理者的开发培养成为"无源之水，无本之木"。试问，如果你不知道自己下属的能力素质和组织发展需要之间的差距，你又如何能够有针对性地去开发培养他？

正因如此，通用电气前CEO杰克·韦尔奇在接受《财富》杂志采访时曾说，"评估人"是自己作为CEO的、仅次于"资本配置"的"第二重要"的工作。那些特别注重管理者开发培养的公司，比如花旗银行、谷歌等，都为各级领导者开发和培养下属能力提供了大量的评估工具，以便他们更好地了解自己及下属的能力素质状况。

现代社会是由各种各样的组织组成的，有组织就有管理者。彼得·德鲁克1985年提出，现代社会及其运转的成效，越来越取决于各类组织中管理者的成效，卓有成效的管理者正成为一项关键资源。也因此，中间层革命在当前显得极为重要。

管理语录：

高层管理者做正确的事，中层管理者正确地做事，执行层人员把事做正确。

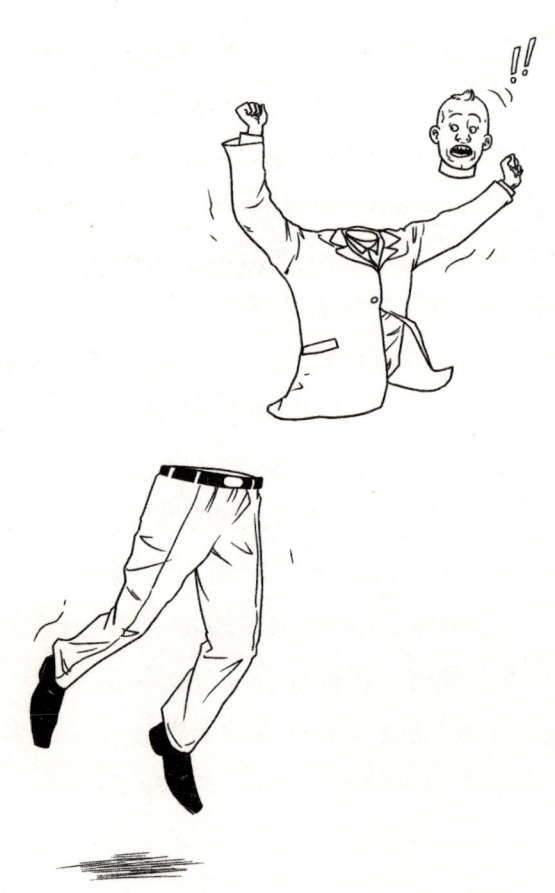

被绑架的总经理

> 对企业而言,涨工资也好,发奖金也罢,都应该把它上升到一种"给"文化,只有进入了给得好,给得合适的境界,才能给得艺术,给出干劲,给出和谐,给出希望。

前不久在福州,深秋的一个午后,和一家近万人规模企业的总经理品茗畅谈,他苦笑着言及:我是又一次被我们员工"绑架"啊,我笑问何故?

原来,这家企业成立十多年来,因为企业效益不错,每到年底都会主动考虑涨员工工资,而且一涨就是"普涨",人人皆有份。2008年,经因历金融危机,企业效益明显受到影响,按理确实没能力再普涨工资了,但员工已涨成习惯,一到时间看企业没动静,便纷纷打听：今年怎么没见涨工资啊？后发展至连部分中层经理也加入打探行列，议论之声骤起，以至最后整体局面差点失控。见此情景，企业作出只涨核心部门员工工资的决定，希望能平息议论，但没想到，非核心部门的员工更有看法了：凭何他们涨，我们不涨！既然他们重要，就让他们干活去！我们不干了！一时间群情激愤，差点闹出罢工风波，有些部门甚至整体提出辞职。怎么办？企业的生产肯定不能受到影响，既然如此，那就咬紧牙关再涨吧。

到最后，总经理只有无奈摊摊手：因何只有员工拷问我，为什么不涨？我就没权力拷问员工，大家凭什么涨？这不是员工"绑架"我总经理吗？

事实确实如此，那为什么总经理搞到最后只有被"绑架"的份呢？缘由就是缺乏一套行之有效"涨"工资的规则。该企业十多年来，效益良好，总经理也愿意给员工涨工资，也有能力为员工涨工资，这种做法，确实提升了员工当期的满意度，但麻烦就在于一个核心问题没回答清楚：凭什么涨？这是基本游戏规则，蕴含两层含义：一层含义，涨是要和企业效益挂钩的，企业效益不好，可以不涨；其次，涨是要和员工绩效挂钩的，即使企业效益好，有能力涨工资，也不是人人皆有份，假使你绩效不行，不但不能涨，反而还要降工资！否则，不管三七二十一，年年皆涨，人人皆涨，并且凭主观判断去涨，一旦涨成习惯，即使不合理，员工也会以为理所当然。一旦理所当然的东西有变故，焉有不惹出人心之乱之理？

古语说"升米恩，斗米仇"，所以，涨工资也行，发奖金也罢，企业要拿捏得当，不要把"好事"变成了"坏事"。拿捏的艺术在于一套游戏规则，那么，这种游戏规则应该如何构建呢？

一是要解决怎样给的问题：要建立相关的制度和规则，明确工资和奖金发放问题，解决企业整体效益与员工绩效挂钩问题。一定要记住：如何发工资比发多少工资更重要的这条真理。

二是要解决给什么人的问题：人人皆有份，你好我好大家都好，那会从根本上使员工丧失斗志。涨工资发奖金一定不能人人皆涨，个个都发。那么，到底谁可涨？谁能发？三种人：功臣，骨干和苗子。

三是给多少合适。给多少其实并不重要，重要的是给完大家一定要高兴。这种高兴一定不能勉强，应该发自大家的内心。如果缺乏规则非理性的给，是给不出"高兴"之结果的。

事实上，对企业而言，涨工资也好，发奖金也罢，都应该把它上升到一种"给"文化，只有进入了给得好，给得合适的境界，才能给得艺术，给出干劲，给出和谐，给出希望。

管理语录：

　　我们所有的质量问题，都是人的问题，设备不好是人不好；零部件不合格是人不合格；我们所有发展不起来的问题都是思路问题，不是缺人是缺思路；不是缺件是缺思路。

——张瑞敏

GONGSI DE LILIANG

第三辑

员工是企业发展的未来

让员工共享人生出彩机会

企业梦,归根到底是大家的梦,它由一个个鲜活生动的员工梦汇聚而成,企业能珍视员工的每一份梦想,呵护员工的每一次努力,让更多的人享有人生出彩的机会,那么,企业将力量磅礴,无往不胜。

"共同享有人生出彩的机会,共同享有梦想成真的机会,共同享有同祖国和时代一起成长与进步的机会。有梦想、有机会、有奋斗,一切美好的东西都能够创造出来。"在2013年3月十二届全国人大一次会议闭幕会上,国家主席习近平以中国梦为主题的演讲,激发起人们实现梦想的无限期待,在国人心中引发了强烈共鸣。

这个拨动大家心弦的中国梦,引发大家强烈共鸣的三个"共同享有",同样也适用于企业。企业的发展,也必然要注入这种理念。

　　当下很多企业，尤其是制造业，都在忧心"用工荒"，实际上是不是真正发生了"用工荒"？毋庸置疑，中国的人口红利的确在逐步地消失，但不是在今天。我们看看公务员招考时的报名人数，我们看看人才市场上人潮涌动的情景，马上便可以得出"用工荒"在当下就是"伪命题"的结论。一方面，大量的人在找工作；一方面，却又有大量的企业为"招工难"而忧心。问题出在哪？原因当然很多，但其中最为核心的一点，在我认为，很多企业并没有摆正人在企业的位置。

　　事实上，"利润"确实关乎企业的存在和未来的发展，也由此致使相当多企业将利润的实现摆在绝对核心位置上，而在不经意之间忽略了创造利润的"人"这个因素，这导致相当部分员工与企业产生了隔阂，老板与员工之间形成了中间横亘着鸿沟的两个对立群体：在老板看来，员工就是"打工仔"，我是花钱雇你，你必然要无私付出，为企业创造价值；在员工看来，我就是为老板打工的，你老板赚再多的钱，跟我何干？干嘛要为你拼命？员工不能融入企业，对企业没有感情，不愿意真心地付出，企业的长久利润从何产生？可持续的基业长青之梦如何实现？

　　2012年年底，习近平主席深情阐述民族复兴的中国梦，一句"国家好，民族好，大家才会好"抓住了"家国梦"，抓住了人心，扣人心弦，让人心动。

　　老板和员工的对立，企业要人时却无人可招等诸多问题的产生，根源就在于很多企业没能圆了员工的"家企梦"。现在回看一些老国企，为何一代产业工人怀着对这些国企深厚的感情？倒不是在于很多人把一辈子的心血全部倾注在了这家企业，而是所有的人都觉得自己就是这家企业的"主人翁"！这个最朴素的道理，当大家醉心于追求全球最新管理模式，并热衷于这技术、那方法的时候，反而给遗忘了！

如果我们的企业能回答清楚："如何让大家而非老板一人共同享有人生出彩的机会？""如何让大家共同享有梦想成真的机会？""如何让大家共同享有同企业一起成长与进步的机会？"并且持之以恒地实践之，那么，企业还会忧心缺工吗？还会忧心员工与企业离心离德吗？

具体到企业而言，我们可以把中国梦换成企业梦。企业梦，归根到底是大家的梦，它由一个个鲜活生动的员工梦汇聚而成，企业能珍视员工的每一份梦想，呵护员工的每一次努力，让更多的人享有人生出彩的机会，那么，企业将力量磅礴，无往不胜。

管理语录：

　　作为一个企业管理者，你只考虑个人是一种不负责任的想法，因为一个管理者的成功是大家都感到成功。你要想跟你一起干的几百号人的生活，你放弃会对他们有什么影响？

——雷军

六招提升员工敬业度

> 关注并提升员工敬业度,是现代企业人力资源管理的一个基本核心,只有员工敬业度高,才会有好的企业业绩表现,才会有企业的永续经营。

敬业是一种状态,意味着参与、承诺、激情、专注的努力和能量。世界高效组织研究中心从1980年代末至2000年代早期对全球财富排名前1000的公司进行了六个系列的相关调查,连续追踪和探讨了员工敬业度相关的课题,结论是员工敬业度越高,对组织绩效的提升就越有积极的影响,两者之间是成正比的。高敬业度的组织都获得了更高的销售业绩、资产回报、投资回报、股权回报和投资者总体回报。

更具体的研究数据如2008年盖洛普公司将员工敬业度排行前四分之一的公司与末四分之一的公司相比,他们的生产率提升18%、利润增加12%、旷工减少27%、缺勤率减少51%、安全事故降低62%。另外一份关于领导力的研究报告（Buchanan 2004）调查了世界上39个员工超过5万名的公司，其结论是敬业度的提升会导致自愿努力的57%增长、个人表现的20%增长和缺勤意愿的87%降低。

如此可以看出，敬业度对驱动组织发展的重要性。2008年的全球金融危机至当前的全球经济下行，大量中小企业在这种经济大环境下，之所以抗不住风险而英雄逝去，原因在于：内部，员工敬业度增长的速度远远低于劳动力成本增长的速度；外部，受经济环境影响市场机会在不断萎缩，如此一来，企业的利润空间也跟着不断萎缩，很多企业就此走向了衰亡。

当前中国企业的员工敬业度若置身于全球环境比对，是一种什么样的水平呢？由世界大企业联合会发起的一项调查表明，全球敬业度最低的国家在亚洲，分别是中国29%、韩国18%、日本11%。相对于敬业度最高的三个国家印度45%、美国44%和新西兰43%，还是有相当差距的。

那么，是什么在影响员工的敬业度？一是员工得不到足够的商业信息，员工的工作没有方向感，茫然盲目，工作的努力因为缺乏目标的指引，不仅没有价值，甚至还会产生负面作用，因为工作结果的不如意产生失败感而影响了敬业；第二是没有相关的决策权，施展的空间有限；第三，缺乏相关的工作技能，有心无力；最后是没有足够的绩效奖励，干多干少干好干坏都差不多，平均主义挫伤了员工的敬业度。

如何改变这种现状，提升员工的敬业度，从而增强企业的竞争力呢？

首先，企业一定要有清晰的愿景和专业的目标管理机制。只有确保员工清楚企业的发展方向，并围绕目标行事，才能有效执行。员工愿做事，并不意味着能成事，辛苦做事但成不了事，久了，员工也必然丧失工作的成就感从而降低敬业度。

第二，不断提升企业市场影响力。以自身过硬的产品和服务不断赢得客户。客户的认可才能驱动企业的长期发展，更为重要的是这也将深刻地影响到员工对企业的信心。

第三，营造以人为本的组织运营环境。以人为本首先是尊重和认可员工，其次是不断培养和发展员工。以人为本实际上就是以利润为本，摆正了人在企业的位置并付诸行动，作为回报，员工在他们的工作中将会更加努力，并产生优秀的绩效，企业的利润自然也就水到渠成了。

第四，打造职业化的管理团队。一方面，管理团队的能力和水平，将决定企业的能力和水平，是企业健康和稳定的基础，让员工对此有信心是很关键的。其次，管理团队的管理方法与策略，也在直接影响员工对企业和工作的满意度。

第五，提供职业发展机会。管理好自己的职业生涯，谋求更好的发展机会，越来越变成更多员工的一种追求和自觉，企业在这方面是否有作为，也将决定员工敬业度的高低。

第六，提供有竞争力的薪资和福利。企业的薪资与福利设计应充分考虑和满足员工努力的结果和期望，让员工相信并实际感觉到自己对企业的付出与投入在薪资与福利上也能立即获得合理的回报。

关注并提升员工敬业度，是现代企业人力资源管理的一个基本核心，只有员工敬业度高，才会有好的企业业绩表现，才会有企业的永续经营。

管理语录：

　　人的能力是有差异的，要承认人的差异，对人的不同贡献给予不同回报，要让每一个人都羡慕贡献者，模仿贡献者，不断地激发自己向优秀人才靠拢。

员工不仅仅期望高工资

> 员工尤其是那些30岁以下的员工,期望的不仅仅是高工资,而是有着远大的职业抱负,渴望能有不断的发展和晋升空间,能享受到足够的训练应对更具挑战性的机会,从而也增加对企业的归属感。

联合国国际劳工组织最近的一份报告显示,尽管中国人的收入在增加,但是以全球购买力计算,中国内地人的平均工资仍然低于世界平均水平的一半。

国际劳工组织报告也显示,中国人的工资平均仅相当于每月656美元。在该报告所涵盖的72个国家(地区)中列第57位。如若按世界平均水平每月1480美元计算,中国内地人每月需要挣6000元才能拥有与世界平均水平相当的购买力。而国家统计局去年的收入数据显示,

2011年城镇居民人均收入为每月1998元。

另外一组数据是，中国1978年的人均GDP同英国在1600年的人均GDP大致在同一水平。现在，中国人均GDP与英国1948年水平相当。这样的经济增长，即这几十年来，GDP每年以8%到10%的速度增长，必然带动员工工资的增长。正如马克思指出的：只要有许多相互竞争的资本家愿意剥削工人，那么随着生产力的提高，工人的工资就会上涨。

所以，无论从国际劳工组织的调研结论还是来自中国GDP的增长事实，都说明一个明确的趋势：中国经济的发展必然带动企业工资的上涨。企业若要吸引和留住员工，必然要逐步提高工资。

因而，我们看到，为苹果、戴尔、微软和惠普及其他企业生产配套部件的富士康、胜华科技和硕正等企业正在给工人涨工资，而中国整体制造业的工资，自2000年以来的12年中，实际工资已经增长至原来的4倍。

但这并不等于说，工人加薪了，工作条件改善了，员工宿舍升级了，食堂提供更好的饭菜了，员工就感到快乐并为之更好地工作，从而改善和提升工作效率了。

这就给众多企业带来一个尴尬的局面：一方面，劳动力成本及原材料成本不断上涨，另外一方面，产品价格只能基本维持不变，工作效率也提升不了，所以，企业的利润空间越来越小，由此有大批企业举步维艰，更有甚者干脆关门歇业了。

工资上涨是大势所趋，企业改变不了，但涨了工资之后，员工效率没有根本提升，对企业恐怕就会带来灾难性后果。如何既涨工资同时也带来效率的根本提升呢？

首先应该认清一个基本事实：诚如《低价中国：中国竞争优

势的真实代价》一书作者亚力山德拉·哈尼所说："更高的工资当然是工厂改善工作条件的方式的一部分，但确保员工的愉快和效率对任何地方的企业来说都是更具挑战性的任务，在中国尤其如此，这里每年都有很多员工离职。苹果和富士康面临的一个重要挑战，就是要想办法保证其员工能感觉到自己在一家工厂中有晋升的空间，感觉自己不是一双一次性的手或者眼睛。知道如何做到这一点的工厂在中国并不多。"这段话说明了什么？由于中国的人口和社会迅速变化，员工尤其是那些30岁以下的员工，期望的不仅仅是高工资，而是和其他国家工人一样，有着远大的职业抱负，渴望能有不断的发展和晋升空间，能享受到足够的训练应对更具挑战性的机会，从而也增加对企业的归属感。员工的需求除了物质方面的，更多的是心理和社会方面的。

所以，除了涨工资之外，同时给予员工更多的能力提升和发展机会，是明智企业的不二选择，唯有如此，才能拥有幸福的员工并让他们由此提升工作效率。

员工为什么留下

假设经理人不为留人而负责,而且不知道该如何负责的话,人才驻留会成为企业很大的问题。我们的结论是:管理才是留住优秀人才以及大多数人的最佳途径。最好的经理应该在这个层面有所作为。

在市场经济时代,每一个月有超过20%的员工另谋他就,而在计划经济时代,100个员工里仅有1人离职;平均每一个上市公司每四年损失过半员工。有价值的员工就这样流走了,如此迅速和难于控制,而且悄无声息。

维克多·E·弗兰克在其著名的《人寻求意义》一书中提出的命题发人深省:同样是优秀的员工,为什么有人选择离开,有人选择留下?同样是杰出的人才,为什么有人怎么挽留都留不住?有人不用挽留却工作的很安心?更进一步的问题:难道是因为员工对工作和生活抱有期望吗？是否可以有相反的思考——工作和生活对员工的期望？这种期望对员工、对企业有何意义？

所以，如何让千里马不跳槽或不轻易跳槽，是一个值得企业关注的重大课题。因为作为企业，你的行动在员工的去留上至关重要。

美国利·布拉纳姆·（Leigh·Branham）在《留住核心员工》这本书中，提出了24种留驻核心员工的方法，其中的策略又集中于4个关键点：

1. 成为人们愿意为之工作的公司；
2. 首先要选择好人才；
3. 让员工有个美好的开始；
4. 用指导和奖励的方法保持承诺。

这些做法需要公司和高层管理者对人才的价值有明确的认识，同时需要其他管理者和人力资源部门的共同努力。但现在的企业往往一部分经理人的反应是："保留人才是人力资源部门的事情，与我无关吧。"或者说："如果公司不能给他们提供较高的薪水和恰当的福利，我也无能为力呀！"当然，人力资源部确实应负一定的责任，薪水和福利也是主要的吸引因素，但假设经理人不为留人而负责，而且不知道该如何负责的话，人才驻留会成为企业很大的问题。

我们的结论是：管理才是留住优秀人才以及大多数人的最佳途径。最好的经理应该在这个层面有所作为。

管理语录：

　　有时候心理因素可能比外界的因素有更大的影响，所以一个人的心态非常重要。很多人总是很不满足，说我为什么不如那个人好，我为什么挣的钱不如那个人多，这样的心态可能会导致自己越来越浮躁，也不会让自己觉得幸福。

——李彦宏

员工流失不能让知识也流失

> 你在这个位置呆多长时间，我企业就要想办法把你的能力固化下来。转移到我企业层面来，这就实现了企业的而非单纯个人的累积，企业实现可持续发展也就有了丰厚的土壤。

福州某IT公司的CEO孙总，最近一直很烦，为什么呢？又有两个核心骨干跳槽了。他说：他们跳槽走了，我的某个程序开发就没法继续下去了。因而，他转而问我：是否有什么更好的留人措施？

是否有更好的留人措施？留人措施当然很多，但大多不太管用，为什么？今天的员工，尤其是年轻一代，就业的观点有了本质不同，他们一般不会忠诚于一家公司，而转而忠诚于自己所选择的职业，所以，人员的频繁跳槽对二十一世纪的企业来说，是正常不过的现象，很少有公司能完全保留住他们的核心员工，尽管你采取了很多方法。

所以，我们是否能换另一种思维思考这样的问题：既然我们阻止不了员工的跳槽，但是我们能否抓住他们的知识，以保证你的竞争力不会随之流失。

有一次我在深圳碰上华为的老板任正非，问他在这方面有什么心得。他说，有啊，华为发展到现在，已积累了一种能力，这种能力叫管理人的能力的能力。我问他什么意思，他举了一个例子：我们的一个程序开发员招聘进来，在这个位置上，最终要交出两个成果，一个成果是工作成果，要把这套程序开发出来；另一个成果是知识成果，如何开发这套程序的书面说明，并将这份说明交给部门，部门据此整理出开发这套软件程序的流程。我把流程整理清楚了，也就意味着把这个人的能力留下来了。一个新员工进来，参照这套流程，保证不出一个礼拜，就能熟练进入工作状态。所以，我们是不怕人跳槽的。

这就是方法，这个方法用管理专业术语来表达叫"知识递延道理"。华为的这个做法，实现了凭能力做事到凭程序做事的转型。凭能力做事，意味着一切工作围绕人来转，这个人走了，企业这方面的能力也消失了。这个人在企业所有的工作经验，都装进个人的脑袋中去了，而企业却没有积累。事实上，企业提供了这个人工作机会并每月发给了他工资，但最终却是这样的一种结局，对企业而言，你说亏不亏？凭程序做事，就诚如华为的做法，你在这个位置呆多长时间，我企业就要想办法把你的能力固化下来。转移到我企业层面来，这就实现了企业的而非单纯个人的累积，企业实现可持续发展也就有了丰厚的土壤。

下面的这张图表，将提供我们进行知识转移实现程序化运作的思索：

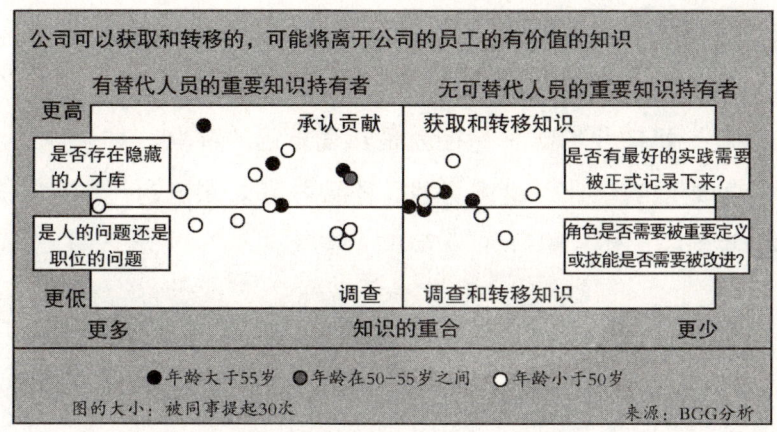

总之,知识的转移应是中国企业赋予人力资源战略的另一个重要举措。在这方面,应时刻关注:

◇ 对于哪些知识需要保留,哪些知识可以忽略,以及哪些地方需要减少知识的流失,分出不同的优先级。

◇ 通过记录、培训或再设计过程来确定和实施切实的方法以保留知识或减少其流失。

◇ 管理和评价知识保留和培训计划,确保不断更新必须的信息和流程。

中国繁荣的经济加上短缺的人才,意味着员工的离职会成为一种常态的时候,我们的企业应更深层次的思索:如何保证你的知识不流失!

管理语录：

成就一番伟业的唯一途径就是热爱自己的事业。如果你还没能找到让自己热爱的事业，继续寻找，不要放弃。跟随自己的心，总有一天你会找到的。

——乔布斯

照顾好员工等于照顾好利润

> 如果你善待和你并肩工作的人,如果你愿意关心他们的素质,关心他们的幸福、利益和进步,而几乎完全不顾自己得失,你就一定有所进步。

有一家餐厅叫海底捞,最近媒体连篇累牍地报道那些让消费者念念不忘的海底捞式服务:排队等位时送水果和饮料,提供美甲、美发和擦鞋服务,用餐时给你递上眼镜布和手机套,甚至在洗手间都备有一次性牙刷和梳子——这一切都是免费的。

有食客回忆,一次在海底捞吃饭时,旁边的一桌客人中有人过生日。这一信息可能在席间交谈时,被服务员"捕获",没过多久,就有一群服务员唱着生日歌,捧着一个盖着红布的礼物出现在客人面前,让客人猜里面是什么。

有网友在日记中写道"这次出差上海,我一位朋友在海底捞只打了一个喷嚏,服务员就吩咐厨房做了碗姜汤送来,把我们给感动坏了……"

有食客在海底捞吃饭,因为车流拥挤而无法穿过马路,这个时候,在海底捞门前服务的员工,亲自引她到餐馆。如果你打车去海底捞,海底捞甚至送给出租车司机一瓶矿泉水。

这些突击式服务是条条框框的硬性规定催生不了的,只有员工本身的积极性和想象力才得以促成。只有顾客想不到的,没有海底捞做不到的。这些特色服务催生的直接结果是:2008年,海底捞的销售额突破6亿元。IT界巨擘联想集团邀请其董事长张勇前去讲课,餐饮界国外前辈肯德基和必胜客还组织了两百名区域经理到海底捞学习。

海底捞董事长张勇的观点是:"当他(员工)把心放在工作上的时候,他就会替你去揣摩顾客的心思。支持海底捞发展的根本,从来不是钱,而是员工。"

所以海底捞只关注两样:顾客满意度和员工满意度。海底捞明文规定:员工宿舍必须是配有空调和电视的楼房,不能是地下室,距离门店的路程步行不能超过20分钟,因为太远会影响到员工休息。

而真正吸引员工的,是透明而高效的晋级制度。海底捞非常注重自己培养干部,据了解,目前管理层的八个成员中,除了采购部长和财务总监是外聘,其余六位都是从基层提拔上来,因此海底捞流行这样一个说法,农民工的晋升机会比MBA大。

对员工价值的认可和尊重,使得海底捞的员工队伍一直很稳定。据了解,中国餐饮行业员工的平均流失率为28.6%,而海底捞员工的流失率大约是10%。

企业的生存和发展必须有利润作支撑,但是有多少企业只盯着利润,只在乎客户,而忽略了身边的员工呢?难道不是吗?但是,像海底捞等这些优秀企业,他们的生存和发展模式充满着智慧:只要照顾好了员工,也就等于照顾好了利润。

由此联想到美国家美草坪养护公司创始人杜克的一段话:"如果你善待和你并肩工作的人,如果你愿意关心他们的素质,关心他们的幸福、利益和进步,而几乎完全不顾自己得失,你就一定有所进步。"

是啊,如果有了员工对工作的全情投入,企业何愁得不到利润?

管理语录：

　　人才是企业成败的关键，惟有顺其自然，不凭自己的好恶用人，容忍与自己个性不合的人，并尽量发挥其优点，才能造就人才。提拔年青人时，不可只提升他的职位，还应该给予支持，帮他建立威信。

　　经营者要善用人才，并创造一个让员工能发挥所长的环境。学历就好比商品上的标签，论才用人要看品质，不要只注重标签价码。

——松下幸之助

加薪是找死？不加薪是早死！

> 被动加薪不如主动加薪，企业经营者要想尽一切办法提升员工待遇，尤其是关键核心岗位员工的薪资水平，拿出一部分利润留住员工，稳定企业，保住企业进行产业升级的能力和机会。

2012年2月21日的《参考消息》转登美国《纽约时报》网站2月19日刊发的一则消息：全球最大的电子制造商之一富士康公司2月18日宣布中国的工厂将大幅提高员工薪酬，并减少加班时间。这一决定表明来自公司员工和国际层面的压力以及西方消费者对工人工作条件的种种担忧正在推动这项必要的改革。这种转变可能使中国经济的迅速转型进一步加快。

麻省理工学院的经济学家戴维·奥特指出："这就是人们期望的

资本主义工作方式：国民经济发展，工资提高，每个人的生活都理应变得更好。"

同时，《纽约时报》也指出："许多中国企业正面临劳动力短缺，从而进一步加大了对提高工资的压力。正如通胀和政府的要求对于提高最低工资标准的触动一样。

事实上，这些年来，外来务工人员的低薪状况并没有得到明显改变。但CPI持续走高，一千多元的工资显然已经不能养活员工自己了。在社会两极分化日趋加大的环境下，企业员工期待每年加薪就成为自然趋势。企业若不加薪，有可能面临招不进员工、留不住骨干的尴尬局面。

中国制造业目前已经进入一个微妙时期，各种不利要素相继呈现。在原材料大幅涨价，汇率走低，利息等财务成本急剧上升，又加上劳动力价格的持续提升，所以，很多企业的盈利能力跌入了近年来的最低谷，甚至很多企业由此扛不住，走向了衰亡之路。因此，给员工加薪对中国所有小微企业而言，是一项艰难的挑战。也因此，江浙一带许多低端制造企业无奈地感慨："加薪是找死，不加薪是早死！"

"不加薪是早死"，这很有可能。竞争对手或周围企业大势所趋都在加薪了，你无动于衷，员工就可能无心恋栈而另择高枝，尤其是关键核心骨干的流失，将对企业的发展埋下巨大隐患；而一旦企业缺工，由于待遇没有吸引力，又面临着找不到员工的局面。无工可用，现有的员工又不能被你所用，企业焉有再发展之理？

"加薪是找死"，这就要看企业如何运作了。如果去年你的员工工资是1000元，履行10项职责，今年，他的工资涨到1500元了，履行的还是同样的10项职责。劳动力成本上涨了，但效率没有跟着提升，"加薪必然是找死"！浙江义乌双童日用品有限公司今年给员工的加薪幅度是12%，虽然低于往年，但已经相当于将去年利润的33%用于加薪。尽管该企业年年都在加薪，但竞争力依旧。为何加薪就没有拖垮企业呢？原来，该企业从2006年开始转型，对大部分岗位实施自动化改造。在五年的时间里，把用工量从700多人降低到400多人，光这一项，大家就可测算，将节省多少劳动力成本和管理成本？最近，笔者去拜访厦门一家著名民营企业，该企业负责人介绍，企业5000多万产值规模时是500多人，现在将近3个亿，员工还是500多人。当下我就吃了一惊：员工有这么大潜力？你们凭什么做到？他说：这几年通过引进精益管理，优化内部流程，规范激励管理等现代人力资源管理机制，不断挖掘和激发员工潜能，所以就有了这样效率大幅提升的局面。

　　从改革开放到现在30多年时间，企业员工的需求从当初解决温饱问题的"生理需求"上升到了马斯洛需求理论的第四层次"尊重的需求"。因此，通过加薪来吸引员工，尊重员工，激励员工应是成熟企业对待员工的基本态度。既然如此，再加上劳动力涨价是大势所趋，尽管中国制造业的利润率之薄，众所周知，但我们仍然要呼吁：被动加薪不如主动加薪，企业经营者要想尽一切办法提升员工待遇，尤其是关键核心岗位员工的薪资水平，拿出一部分利润留住员工，稳定企业，保住企业进行产业升级的能力和机会。

　　同时，在内部管理规范化，尤其是人力资源管理规范化方面，要同步进行升级与转型。原先粗放管理不一定影响你企业发展，但现在成本上涨了，管理必须要走精细化之路，唯有如此，才能从容应对当前经济大环境对企业发展提出的经营挑战，提升企业的抗风险能力，无论何时，都能傲立潮头而昂首向前。

管理语录：

如果你相信每个生命都是平等的，那么当你发现某些生命被挽救了，而另一些生命被放弃了，你会感到无法接受。

——比尔·盖茨

年度调薪的科学与艺术

> 如何调薪,对任何一家企业、任何一位HR来讲,都是非常慎重的事情。做得好不仅可以让员工满意,调动员工积极性,也能在薪酬层面彰显企业文化,体现公司的核心价值观,既有利于员工对物质利益期许的满足,也有利于公司可持续发展的需要。

每到年底,对大部分企业而言,都要对薪资进行适当调整,如何调薪,对任何一家企业、任何一位HR来讲,都是非常慎重的事情。做得好不仅可以让员工满意,调动员工积极性,也能在薪酬层面彰显企业文化,体现公司的核心价值观,既有利于员工对物质利益期许的满足,也有利于公司可持续发展的需要。

然而,许多企业的年度调薪并没有发挥出应有的激励效果,每次调薪HR经理不仅被搞得身心疲惫,也可能在调薪后面对老板的指责和员工的非议。

年度调薪，作为员工激励和薪资分配的重要手段，也是HR部门的一项基本职责，该如何操作，才能达到各方面满意的效果？笔者认为，应注意科学与艺术的平衡。科学是基础，艺术是保障。

就年度调薪的科学性而言，一般要掌握三个原则：

第一个原则：企业成本控制原则

如何以最小的人工成本获得最大的收益，这不仅是薪酬管理设计的战略核心，也是年度调薪的基本依据和优先考虑的因素，所以，年度调薪必然要有成本率的概念。所谓成本率，即为：人工成本率＝当期总人工成本/当期销售额。通常而言，人工成本率是一个常数，比如说，制造业的人工成本率这几年的数据显示一般在10%~15%之间。结合本行业的特点和企业发展现状，确定一个适合的人工成本率，不仅能确定调薪的合理幅度，也理清了企业销售成长与员工工资涨幅的关系，保障了企业发展与员工收入共享的理念实现。

第二个原则：倾斜关键性岗位原则

企业关键岗位人员是企业的重要资源，如何稳定住并且用好这部分资源，将直接攸关企业的发展，年度调薪也得体现向关键性岗位倾斜的原则。关键岗位的识别，要同时考虑两个核心因素：一是岗位的不可或缺性，如果一旦这个岗位缺人，是否会对企业的运营带来根本影响？二是岗位的稀缺性，一旦这个岗位缺人，能否快速从人才市场上找到相应的人员来替补？一旦确认了关键岗位，应保证关键岗位的员工薪资涨幅高于企业整体薪资涨幅的平均水平。

第三个原则：凸显价值体现原则

年度调薪的价值体现主要包括三个方面：一是岗位价值，主要由岗位本身承担的职责来体现，与个人无关；二是个人价值，即员工本人所具备的学历、专业、职称、工龄、能力等综合素质；三是贡献价值,即员工的业绩表现。综合这三个方面来确定调薪规则。

除了科学的调薪原则,在企业的管理实践中,注重软性的沟通和参与,也是确保年度调薪的重要手段,而这些软性的因素,操作中更多体现的是艺术,而非科学。如何提高年度调薪的艺术呢?

首先要做好专业的沟通,沟通时要明确对象、时间和沟通重点。

一、与高层的沟通。一般在调薪方案制定前,要将年度调薪的政策、策略、幅度、比例、依据等向企业的高层汇报,取得高层的理解和支持,并听取高层的意见和想法,双方之间达到高度的共识后,再进行方案的拟定和实施。

二、与中层的沟通。一般在调薪方案制订前和制订中,要与企业中层充分沟通调薪的方案并听取中层对调薪的想法和建议,不仅让中层了解如何调薪,也让中层知道该在调薪中承担什么责任,并能主动参与到调薪的相关工作中来。

三、与员工的沟通。一般在调薪方案制订的前期和方案实施的后期。前期可通过问卷调查、员工座谈等形式,了解员工对调薪的想法与建议。后期可通过投诉渠道和程序的设计等接受员工的申诉,处理员工的不满。

其次要能保证各级部门主管的参与,并提升部门主管的责任意识。

年度调薪要成功,一定要避免人力资源管理部门孤军奋战的局面。调薪成败取决于各方的理解和支持,而取得理解和支持又在于细微的沟通,无疑,各级部门主管的沟通和解释是决定性因素。

总之,年度调薪是一门科学,更是一门艺术,两者之间的结合和平衡,才能使调薪取得令人满意的成效。

管理语录:

　　一个领导者应该承认,个人的能力是极为有限的,一个人若做能力以上或以下的工作,都容易遭到失败。为了避免能力发挥上的缺点,更应该分层负责,这才是提高工作效率最科学的方法。

——松下幸之助

　　很多机遇是外界赋予的,这方面我们自己觉得很幸运,所以更加不能浪费这个机会,应该想得更多。而不能说你现在得到的是自然的,别人打不赢你,我们从来都会很担心,不会觉得自己很强。

——马化腾

企业应警醒员工的"未富先懒"

一个人能不能创造价值，首先取决于他是否努力，而决定一个人的努力程度，梦想和信仰是其中的关键。没有梦想，就没有努力的动力，而信仰的缺失也必将丧失努力的动机。

2012年10月中旬，哈尔滨市招聘457个清洁工，引来了1万余人报名，其中近三千人拥有本科学历，占41.11%，25人拥有统招硕士研究生学历。消息传来，网上网下一片舆情哗然。

大学里弹了四年吉他、喜欢重金属音乐的佟鹏，面对母亲的劝告："这就是给政府干活。扫大街有啥的，政府不垮，我们不垮。"最终决定报名，他说他也想通了："努力拼搏并不是让梦想实现，只是让自己过的好一点。"

也许，佟鹏和他母亲的想法，在报考环卫工人的这一群高学历群体中，具有普遍的代表性。揭示这种现象，目的并不在于呼吁高学历人群不能去扫大街，而是这种行为背后所折射出的年轻一代，因缺失梦想和信仰，而导致未富先懒的危机。

在中国很多二三线城市，放弃高考，无所事事，浪迹在网吧、台球厅的年轻人越来越多；而身处职场中的一些年轻人，也有相当部分看破红尘、醉生梦死，以混的姿态应对每一天，这种典型的"未富先懒"心态，将制约社会和企业的可持续发展。

我们都知道，一个人能不能创造价值，首先取决于他是否努力，而决定一个人的努力程度，梦想和信仰是其中的关键。没有梦想，就没有努力的动力，而信仰的缺失也必将丧失努力的动机。梦想和信仰对决定一个人的努力程度是如此重要，几乎可以把其定义为是决定成功的基因。

由此可见，"未富先懒"确实应引起我们的警觉。这种"未富先懒"的心态从何而来，不说社会，看看企业。

当下很多企业，也窝藏一群懒人，上班踩着点，下班提前溜；凡事能躲则躲，能推则推，一天八小时工作时间，真正在状态的三四小时已绰绰有余……凡此种种，是什么催生了这个群体？固然有自身的因素，但所谓近朱者赤近墨者黑，企业的责任应该更大些，因为这些企业存在将人变懒的机制，这种机制主要集中体现在下述几个方面：

一是组织设计问题。若组织设计不科学，存在着岗位职责分配、人员编制不合理等现象，必将导致忙闲不均，有人没事干，有人干不完，最后的结果必然是有事干的人也变成不干事的人了。

二是绩效评价与分配问题。干得好与干得坏、干得多与干得少几乎一样的分配，久而久之也导致干得好干得多的人也不想干了。

三是职位晋升设计问题。在企业往上走的机会渺茫，努力与不努力的结果几乎一样，辛苦没有回报，那就干脆得过且过了。

所以要治员工的懒，企业一定要首先作出改变。近日百度CEO李彦宏在百度内部给员工发了一封题为"改变从你我开始"的公开信，在信中，他提出："鼓励狼性，淘汰小资"。他把狼性定义为敏锐的嗅觉，不屈不挠奋不顾身的进攻精神，群体奋斗；而小资持有良好的背景、流利英语、稳定收入，信奉工作只是人生的一部分，不思进取，追求个人生活的舒适才是全部。他表示："要让所有员工更明确，如果想找一个稳定工作不求有功但求无过的混日子，请现在就离开，否则我们这艘大船就要被拖垮。"而这封信发出的背景，是百度的增长步伐正在放缓，其第三季度财报表明，当季净利润为30.08亿元，尽管同比增长59.8%，但净利同比增速已持续7个季度下滑。为了止滑，李彦宏首先举起的便是"治懒"这把刀。

人世间的一切幸福都要靠辛勤的劳动来创造，居安不仅要思危，更要作出快速的行动。吃苦耐劳是中华民族的传统美德，也是一种精神与行动的传承。只有不断勤劳的投入，才能收获光明的未来。

管理语录:

上帝制造人类的时候就把我们制造成不完美的人,我们一辈子努力的过程就是使自己变得更加完美的过程,我们的一切美德都来自于克服自身缺点的奋斗。

——俞敏洪

四步骤，规划职业生涯

尽管传统的长期固定关系已发生了改变，但企业仍然需要员工的忠诚和稳定，这就需要企业主动介入员工的职业生涯规划和管理，培养员工对企业的归属感和认同感，实现员工和企业共同发展。当个人职业发展与企业职业需要达到均衡协调时，就能满足企业与其所属员工双方发展的需求，实现员工不断成长、企业不断发展的目的。

最近，与很多企业，特别是中小民营企业的老板接触，大家集中反馈：好人，是越来越难留了！企业似乎陷入一种恶性怪圈：人招不到，招来的人用不好，用得好的人留不住，留下的人不干活。人的问题越来越成为阻碍企业发展的最核心问题。所以，老板们都很困惑：为什么我的团队没有凝聚力？大量事实证明，凝聚力通常与"利"有关。

员工为何而上班,讲实在点,首先就是奔"利"而来,所以如何以"利"吸引员工、用好员工、凝聚员工、留住员工,是企业人力资源管理必须破解的基本策略,是每一个老板必须重视的最基本运营规则。何为"利",主要在于两点,一是"过去之利",即解决好工资和奖金的设计与分配问题,承认的是员工过去的贡献;再者为"发展之利",即解决好员工发展的问题,立足于未来的事业机会。"过去之利"的设计核心在于工资奖金的分配体系,本文不多赘述。而"发展之利"主要体现在职业生涯规划的设计并应用,以此来牵引员工发展,达到发展人、用好人、留住人的根本目的,以实现员工个人发展与企业发展的"双赢"。

职业生涯规划就是指组织和员工基于员工个人和企业组织两方面的需求共同制订的个人发展目标与发展道路的活动,并通过有针对性的职业生涯信息和升迁机会等方式,建立或改善员工的职业生涯。

以往员工和企业的关系是建立在彼此信任和固定不变的基础上,而现代员工和企业关系开始趋向于不固定期限的、灵活的安排,员工流动率加大,它以固定合同或约定代替了人们之间以前的相互默认。尽管传统的长期固定关系已发生了改变,但企业仍然需要员工的忠诚和稳定,这就需要企业主动介入员工的职业生涯规划和管理,培养员工对企业的归属感和认同感,实现员工和企业共同发展。当个人职业发展与企业职业需要达到均衡协调时,就能满足企业与其所属员工双方发展的需求,实现员工不断成长、企业不断发展的目的。

如何进行员工职业生涯规划?欲望、目标、行动、调适是其基本应涉及的四大步骤。

关于欲望,首先对于企业而言,要有强烈的欲望帮助员工成功与发展。道理很简单,只有员工发展了,才会有企业的发展,所以企业要像重视利润增长一样重视员工的能力发展；而员工在立足于做一个合格员工的基本前提下，也要树立自己的远大理想，心无理想，躯体必亡！若一个人不知道自己想要什么，也不清楚该往何处走，势必得过且过，做一天和尚撞一天钟，这样的人，很难创造价值，更不要奢谈有意义的人生。要规划好职业生涯，若企业没有要员工发展的欲望，光有员工的想法，或员工没有发展的欲望，光有企业的想法，都不会成功，只有两者欲望的交集，才有最佳的动力促进生涯的规划与管理。

二是目标。企业要结合未来发展目标，明确员工的培养发展目标，通过人力资源发展规划、职业通道设计等策略，驱动员工发展；而员工要明确自身的发展定位，知道自己要往何处走，并结合自身资源确定切实可行的短、中、长期发展目标，这样，才有前行的方向。

三是行动。企业要采取必要的措施，并敦促各级部门主管也一同参与，让员工能逐步地实现预定的目标；员工本人，也得将自己所设定的职业发展目标，转化成每年、每月，甚至每天的行动策略。没有行动，目标最终将是黄粱一梦。

最后是调适。没有任何一项目标的设定一经确定便成永远。随着外在环境和员工的不断发展变化，员工对自身的定位和发展目标必然有所调整，所以，企业和员工应着眼于这种调整，及时变化相应的行动策略，在变化中调适方向，直至最终找准自己的定位，不断前行。

日益激烈的市场竞争促使每一个企业加快技术进步和组织变革的速度，与此同时，公司对人的需求也发生了广泛而深刻的变化，工作对人的要求越来越以拥有更多的知识和更高的技能为前提，这就需要我们对员工的职业生涯进行成长上的规划和管理，以满足企业更好地用人、留人，最终驱动个人和企业的共同发展。

管理语录:

如果你的工作生涯中还没有在某个时刻出现失误,那你就还没有很好地放开手脚。

——佚名

三能合一，成就职涯发展

职业生涯规划有企业的着力点，比如管理相对比较完善的企业，往往会从制度的层面明确员工生涯规划的相关规定、责任和操作流程。但我认为，更重要的应立足于自身，若自身不给力，外力再卖力，其作用都是有限的。

日益激烈的市场竞争促使每一个企业加快技术进步和组织变革的速度，与此同时，企业对人的需求也发生广泛而深刻的变化，工作对人的需求越来越以拥有更多的知识和更高的技能为前提。在这样的背景下，若要胜人一筹，就一定要对自己有一个清晰的职业生涯规划，以满足未来的发展对自身的要求和挑战。

一般而言，职业生涯规划有企业的着力点，比如管理相对比较完善的企业，往往会从制度的层面明确员工生涯规划的相关规定、责任和操作流程。但我认为，更重要的应立足于自身，若自身不给力，外力再卖力，其作用都是有限的。

那么，如何规划好自己的职业生涯？在目标清晰的前提下，聚焦好"三能"。何谓"三能"，技能、心能和势能三者的统称也。

首先谈谈技能。一个人要有一个好的职业发展，必然的，在某个领域要有一定的专业知识积累，所谓讲"一技在手，吃穿不愁"。技能的掌握和提升，必须聚焦在某一个专业领域，并务求使自己做到：别人能做好，我能做优；别人能做优，我能做到极致。当在某一方面成为专家，甚至权威的时候，便有了安身立命的基础，职业的发展也就有了坚实的土壤。

其次是心能。如果说技能主要是讲做事，那么心能便是做人，是一种人生态度。若技能很高，但心能不足，就是说一个人有做事的本领，但他不想做事，照样成不了事。如何发展心能，我认为核心在于企图心，也就是一个人要胸怀理想，积极上进，不要裹足不前，更不能得过且过。有多大的企图心，便有多大的事业空间，若安于现状，小有成效便沾沾自喜，永远是井底之蛙，而没了鹰击长空的那种凌云之势；其次要培养自己的浩然正气。"想正事，走正道"，气正风清，路才长远，想走捷径，甚至想走邪路，不但成不了大气候，连一生都会被糟蹋；第三要发展自己的抗挫力。职业生涯的发展，不要指望能海阔天空、一帆风顺，总会遭遇挫折甚至种种打击与磨难，这时候，最需要的是坚忍坚韧。成就大业的人，往往是历经风涛骇浪之后还能岿然屹立的人。

最后是势能。仅仅依靠个人之力，成就不了什么大气候，"一个好汉三个帮"，人多，才能聚势，有势才能谋事。要有一个好的职业发展，一定要有一个好的人脉关系，只有在周围聚集起了一批好人、能人，才能够借力大家之势，成就自己的发展之梦。因而，一个人在职场中打拼，千万不要把自己变成"孤家寡人"，要成为一个倍受大家欢迎的好人。如何做到这一点，我认为也有三个方面：第一要有包容心。人无完人，金无足赤，多看别人的优点长处，少议他人是非不足，给对方多一点真诚温暖，少一点求全责备，心量大，福报也就大；第二要有感恩心。你敬我一尺，我回你一丈，随时记住别人的好，别人自然也会对你好。处处知道感恩，前行的路上，便有处处的花红柳绿；第三要有协作心。"众人拾柴火焰高"，每个人的成功，都需要别人的帮忙，身处任何一个岗位，假若我们都能做到扪心自问：我这样做，对他人有什么影响？对他人是否有帮助？怎样做，才能更好地帮到对方？那么，一旦有需要别人对你伸出援手的时候，你会发现周围都是友善的力量。人和人若充满了相互之间的温暖，这种温暖一定会转化成助力我们前行的能量。

职涯如茶，一泡好茶，首先需要茶叶好，也取决于泡茶的水和温度的掌握，若茶是内因，水和温度便是外因了。只有内因和外因同时兼具，职涯发展才会一马平川。同理，技能和心能的提升，其实就是在塑自己的内因，而势能的凝聚，恰恰是外因的体现，若要给出一个等式，在我认为，应该是：技能+心能=势能，而最终势能的强弱，也决定了你未来事业格局的高低。

管理语录：

有些人一生没有辉煌，并不是因为他们不能辉煌，而是因为他们的头脑中没有闪过辉煌的念头，或者不知道应该如何辉煌。

——俞敏洪

像鸽子一样优雅地飞翔

太多的人因为利而存在,因为利而努力,除了想钱,没有更大的理想追求,更多的人生信仰,但在追求钱的过程中,失去了灵魂,什么钱也敢赚,更有甚者认为不要付出,也要理所当然地得高薪,说白了这就是一种土豪心态,追求的是"土豪金"。当然,回避金钱是一种虚伪,但是只唯金钱是一种浅薄。

有四种人,会拖企业发展的后腿:一是自我定位不清的人。这种人往往不知道自己想要什么,有什么机会做什么,像清凉油,哪里痒便往哪里抹,几乎没有一样专精;二是没有追求,不思上进的人。不求无功但求无过,交办一件做一件,工作不主动,不积极,有一天是一天,浑浑噩噩混日子;三是唯利是图的人。一切以利为中心,典型的"追薪族",而非"追心族",只想高收入,但工作不用心，不投入，没有付出，焉来高薪？一旦利益不能想当然的满足，要么跳槽，要么消极怠工，要么牢骚满腹，败坏了企业风气；四是自私自利，不愿协作与分享之人。凡事以自我为中心，看不得别人的好，甚至为达私利，想方设法去打击别人。我经常想，这四种人，可能不缺做事情的能力，之所以会这样，是身上缺了一种精神，缺了正能量。应该给这种人注入什么精神，以期能改变他们的人生轨迹呢？我一直都在思考。

近日和友人聊天，谈及谁和谁约会，结果谁放了谁的鸽子之类的话题。我笑言："其实鸽子是蛮好的一种动物，身上的很多精神值得人类借鉴，怎么就背上了放鸽子这类的贬义词呢？"朋友闻言也笑侃："那你不妨总结一下鸽子精神。"这疑似调侃的戏言，倒真是刺激了我的思维，认真想想身在职场的我们，确实要学习鸽子身上的很多东西，并像鸽子一样优雅地飞翔。

其一，要学鸽子有清晰的方向感。不管多艰难的环境，不管多遥远的路途，鸽子都知道它的方向在哪里，它该飞往哪里去。而人在职场，知道自己要往哪里去，想要什么，这何其重要，如果一个人没有自己清晰的人生定位，撞到什么做什么，茫茫然过着每一天的日子，必然不会专精于某一点，而荒芜了时日。除非有特别好的机遇，不然一辈子注定庸碌无常。

其二，要学鸽子的敬业精神。主人只要把信交给某一只信鸽，这只鸽子一定不辱使命，哪怕路途充满艰难险阻，只要生命还在，信就一定送到。生命的价值在于职业，检验一个人品质最简单的标准就是看他工作时所具备的精神。若一个人小事不愿干，大事干不来，以冷漠、玩忽职守的态度，甚至以蔑视的心态对待工作，这种人，最终必走向平庸。

其三，像鸽子一样优雅地飞翔。蓝天鸽哨，那是多么优美的一幅风景，当鸽子展翅飞翔的时候，看它的姿态，那就是贵族的身影。坦白而言，在当今的职场，有多少人身上缺少的就是这种贵族气质，为什么？太多的人因为利而存在，因为利而努力，除了想钱，没有更大的理想追求，更多的人生信仰，但在追求钱的过程中，失去了灵魂，什么钱也敢赚，更有甚者认为不要付出，也要理所当然地得高薪，说白了这就是一种土豪心态，追求的是"土豪金"。当然，回避金钱是一种虚伪，但是只唯金钱是一种浅薄。如果，我们在创利的过程中，心怀理想，坚定人生信仰，既有利的物质作支撑，也有理想和不缺信仰的素质作展现，我们的人生是不是将更加自信，我们的职场生活是不是会更具优雅？一个人披着一身"土豪金"，那种金终将会褪去，以至苍白每一天！只有理想和信仰才能让我们永恒永生。

最后，要像鸽子一样是和平的的化身。和，兴万事。人在职场要互相温暖，而不是勾心斗角，尔虞我诈，你死我活。如果是血刃对方，而让你最终笑傲江湖，这种胜也是败！你收获了物质，却丢掉了灵魂，这就是所谓的铜臭。你拼得精疲力竭，最后落得个臭气烘烘，这哪是我们要追求的光辉人生？

人在前行的途中，很有必要停下脚步等等我们的灵魂。仰望天空，那蓝天苍穹下，更希望的是你优雅展翅如白鸽一样的身影，而非一身金光闪耀但乱你心神的"土豪金"！人只有贵族的那种气质，才有从容获取永恒利益的优雅。

> **管理语录:**

　　生命,需要我们去努力。年轻时,我们要努力锻炼自己的能力,掌握知识、掌握技能、掌握必要的社会经验。机会,需要我们去寻找。让我们鼓起勇气,运用智慧,把握我们生命的每一分钟,创造出一个更加精彩的人生。

——俞敏洪

后 记

我一直很欣赏一句话："不忘初心，方得始终"，做任何一件事，我相信在开始之初，大家都知道做此事的目的。不过，遗憾的是，很多人做着做着就忘了初衷和本源，最终被事情牵着鼻子走，导致一辈子都在纠结：从哪里来，到哪里去？

人力资源管理也如此，其对企业发展的重要性已经毋庸置疑，但当前太多的企业为做人力资源管理而做人力资源管理，忘记了本源，以致几乎发挥不了价值，对推动企业发展和促进人的素质提升作用不大。

我认为，人力资源管理的本源应在激发人并提升人，而只有人的潜能得到了激发，并在这个过程当中不断地成长进步，这个人最终才会推动企业的发展，进而成为企业好员工、社会好公民。但可惜的是，太多企业的人力资源管理都想试图去改变人，而人通常是"本性难移"的，这样的出发点除了在企业制造大量的对立和不屑，对人到底能改变多少？对人对企业对社会又能有多大的促进？

我本人在经营企业和为一批优秀企业身体力行地提供咨询服务的同时，这几年一直都在追寻和探究人力资源管理的本源，并将每一次的思索都记录成文，累积成书，这个系列至今已公开出版了《赢才赢天下》和《赢才赢天下Ⅱ》，包括当前的这本《公司的力量——赢才赢天下》，期望这些实践和思考能为中国企业人力资源管理的进步注入一些我们的努力和想法。

　　感谢中国著名艺术家关玉良先生和厦门大学博士生导师戴淑庚教授百忙之中拨冗写序，感谢立邦中国钱国新、明一国际李国荣、厦工机械陈子毅、可口可乐童伯华、中国核工业王志东对本书的倾情推荐，感谢人民日报出版社责任编辑周海燕女士的认真负责，感谢公司同仁在本书形成过程中的每一次倾情努力，感谢我们的广大客户为我们提供的一次次人力资源管理实践。前行的途中有大家的关爱、支持和同行，这不但有温暖，更给予我力量。

涂满章
二〇一四年二月于厦门